# CIA,
# 서울에는 비밀이 없다

－글짓기 반, 라디오를 만나다

**CIA, 서울에는 비밀이 없다**
-글짓기 반, 라디오를 만나다

지은이 | 안교승
펴낸이 | 안교승
펴낸곳 | ㈜도서출판 우수아이아
신고번호 | 제393-2022-000041호

초판1쇄 인쇄 | 2023년 4월 25일
초판1쇄 발행 | 2023년 4월 30일

ISBN 979-11-982734-6-8 (03560)
값: 18,000원

# CIA,
# 서울에는 비밀이 없다

− 글짓기 반, 라디오를 만나다

도청보안전문가 **안교승** 지음

우수아이아

## CIA, 서울에는 비밀이 없다

'최근 뉴욕타임스(NYT) 등 미 주요 언론은 우크라이나 전황 등을 분석한 미국 정부의 기밀 문건이 소셜미디어에서 유출됐다며 앞다퉈 보도했다. 이 문건에는 한국의 외교·안보 컨트롤타워인 *실장과 *비서관 등이 미국의 압박을 받는 상황에서 우크라이나에 포탄을 지원하는 방안을 고심한 대화로 추정되는 내용도 포함됐다.'

1977년 미국 CIA(Central Intelligence Agency: 미국중앙정보국)의 청와대 도청 이후, 이번에도 CIA에 의한 도청 파문으로 세상이 또다시 시끄럽다.

미국 NSA(National Security Agency: 미국국가안전보장국)도 10여 년 전 독일 메르켈 총리 등 한국을 포함한 35개국 정상들에 대한 도청을 해왔다는 의혹과 함께 국경 없는 정보전쟁이 벌어지고 있는 것이다.

사건은 일파만파 걷잡을 수 없이 커지며 기자들에게서 취재요청이 밀려오는 등 지난 며칠 진땀을 뺐다. 어떤 방식으로 도청이 이루어진 것으로 보느냐? 용산 대통령실 부근의 환경이 도청하기 위한 조건으로는 어떻다고 보느냐? 등 예. 아니오 답이 힘든 질문들이었다. 다행히 늦게나마 대통령실에서 이번 도청 논란은 '공개된 정보의 상당수가 위조됐다'며 "이는 북한의 끊임없는 도발과 핵 위협 속에서 한미동맹을 흔드는 '자해행위'이자 '국익침해 행위'"라고 공식적인 입장을 밝혔다.

어쨌건 논란은 일단락 되는 듯 했다. 그러나 문서 유출자가 미 공군 주 방위군 소속 일병으로 체포되면서 사태는 그냥 묻혀 버릴 수 없는 방향으로 흐르고 있다.

그 본질은 유출된 문서에 실제로 *비서관 등의 대화가 들어 있는 것을 보면, '위조' 또는 '어느 주 방위군의 허세에 의한' 해프닝이든 결국 CIA에 의한 도청은 이루어진 것으로 볼 수 있기 때문이다. 중요한 건 소셜 미디어에 과시한 어느 사병의 어이없는 행동(미국 입장에서)이 아니라 도청이 이루어졌다는(우리 입장에서), 팩트라는 것이다.

언론에서는 '대통령 집무실 등 핵심 구역의 보안 수준은 현존 기술로 뚫기가 사실상 불가능할 만큼 철저하다'고 말하지만 내가 앞서 영국의 도청기류 전시회를 힘겹게 다녀오며['오지 말라는데'…'나는 이때다'하고 출발해 버렸다 187페이지] 보았던 장비들을 보고 들었다면 현존 기술로 불가능하다는 이야기는 쉽게 할 수가 없을 것이다. 특히 공기의 진동을 캡쳐하는 방식의 레이저 도청은 '수십 년 전에나 통하던 방식'이라는 데에는 할 말을 잃게 만든다.

최근의 도청 기술을 2가지만 소개한다. 특정 타깃의 대화 음성은 해당 구역의 집기, 비품 등에 숨겨진 고성능 마이크를 통해,

예를 들어 30초 동안 음성을 저장 후 25ms 송신하고 이번에는 1분 동안 저장하여 18ms 송신하는 등 자유자재로 세팅할 수 있고 발신 주파수도 수시로 바뀌는 디지털 도청기가 있다. 이런 장치는 탐지하기가 쉽지 않다. 그러나 불가능한 것도 물론 아니다. 또한 실내에 잠입하지 않고 외부에서 도청을 할 수 있는 마치 영화 속의 저격수 모습이 연상되는 레이저 도청 기술도 있다. 레이저 도청도 최근에는 발전을 거듭하여 2중 유리창, 모델에 따라서는 벽도 통과할 수 있다. 내가 직접 본 레이저 도청 장비의 모델도 몇 개 있다. 레이저 도청은 사용되는 레이저의 파장이 햇빛과 일부 중복되어 어떤 파장이 도청을 위한 것인지 구분할 수 없어 상시 방지가 유일한 해법이다.

그런데 기본적으로 이러한 도청 행위를 모두 나쁘다고만 할 수 없는 것이 국가 대 국가의 안보, 경제를 위해서는 반드시 필요한 것일 수도 있다고 본다. 결국 도청할 수 있는 능력이 있느냐 없느냐이다. 우방국이라고 해서 정보전에서 제외할 가능성은 없다.

그리고 해외 인텔리전스, 택티칼 시장에서 볼 수 있는 VIP 출장 시 반드시 준비하여야 할 장비들이 있다. 국내, 해외로 벗어나면 숙소부터 모든 구역, 모든 집기류, 비품 등이 도청 가능한 지대, 매개체라고 보면 된다. [도청검증, 안홋信이 나설 수밖에 237페이지 참조]

-24/7 아날로그/디지털 도청감시장비 세트(SMS 알람기능, 검증 필요)
-레이저 도청 방지장비(진동자)

-음성 교란 장치

-소출력 재머(전파 교란기)

-보조 배터리: 별도 전등, 노트북용 등(실내 전등에 의한 도청 기술도 얼마든지 있다.)

-기본 탐지장비 키트

미국 대통령의 경우 백악관을 벗어나면 여러 가지 보안장비를 사용한다. 한국에서는 오바마 텐트라고 알려진 수십만 달러 상당의 전파 차단용 텐트, 음성 교란장비 등등이 있다. 물론 텐트 안에서 나누는 대화가 밖으로 유출될 수는 절대로 없다.

아무튼, <CIA, 서울에는 비밀이 없다>.

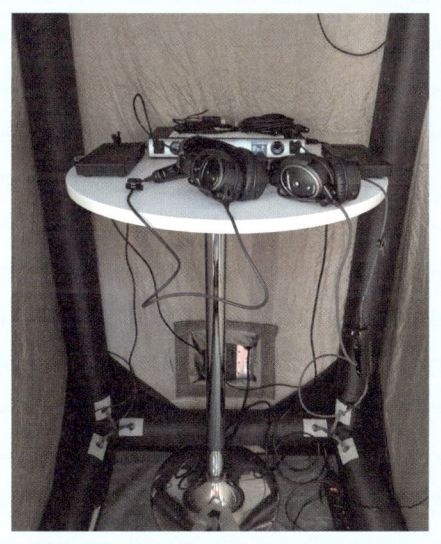 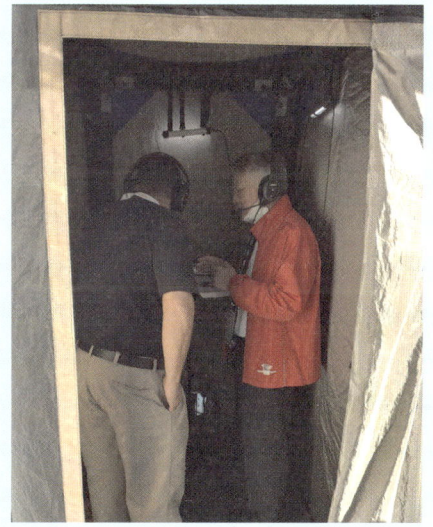

**텐트** – 외국의 대통령급 VIP가 사용하는 전파 차단용 텐트에서 음성 교란 장치를 안교승이 실제로 Demo를 하고 있다

# 차 례

CIA, 서울에는 비밀이 없다     4

**프롤로그**
라디오와 문학은 세상을 바라보게 해 주는 창(窓)     12

**추천사**
상상, 그 이상의 '상상'을 하면 신세계가 있다 | 염상국     20
자신있게 세상을 바라보는 관점을 가져라 | 김기우     22

## Part 1.
### 또 다른 꿈, '타투'로 시작하다

빨간 넥타이를 맨 신사, TATTOO     30
이것이 '타투'이다     32
내 인생의 최고임을 내뿜을, 안교승의 분신이다     35
꿈꾸는 자의 세 번째 꿈     37

## Part 2.
### 아무도 가지 않은 길

통신보안의 길을 찾아서     40
아무도 가지 않은 길     44
보안장비 제1호     47
산업스파이 잡아줍니다     52
문익점 선생이 되어 돌아왔다는 이야기는 절대 아니다     58
단군 이래 최초의 보안점검     63
총리도 불안해     66

| | |
|---|---|
| 떨고 있는 인사들 | 68 |
| 잠자는 도청기, 도청도 듣고 싶을 때 듣습니다 | 70 |
| 첫 만남은 가짜명함으로 | 73 |
| 오사마 빈라덴과의 악연 | 75 |
| 내 귀에 도청 장치 | 80 |
| 서로가 서로를 감시하는 사회 | 84 |
| 한국 통신보안 역사에서 가장 큰 사건 | 86 |
| 도청 파문, 그 후 | 92 |
| 프로의 삶과 보람 | 96 |
| 서울에는 비밀이 없다 | 101 |

## Part 3.
### 꿈, 그리고 이력서

| | |
|---|---|
| 나는 녹음기가 싫어요 | 106 |
| 글짓기 반, 라디오를 만나다 | 110 |
| 내 인생을 바꾼 한 권의 책 | 112 |
| 중학생, 방송에 출연하다 | 115 |
| 모스 부호로 읽히는 세상 | 118 |
| 내 동생, 기죽지 말아라 | 121 |
| 나에게는 자랑스러운 형님이 계십니다 | 124 |
| 안교신(交信), 무선국장이 되다 | 127 |
| 우체국 사서함 9호 | 130 |
| 전국에서 편지가 쏟아졌다 | 132 |
| 큰 애들(?)하고만 놀았다 | 134 |

| | |
|---|---|
| 필승! 공군이 되다 | 139 |
| 외치는 자의 소리 | 142 |
| 군 생활에서 찾은 '놀라운' 보람들 | 144 |
| 키워드 '무전기'를 너무 좋아했다 | 148 |
| 정상에 설 뻔하다 | 152 |
| 한계와 극복, 공기총을 구하다 | 155 |
| 다시 무전기(無電機)로 돌아가다 | 157 |
| 택시기사를 지원하다 | 160 |
| 처음부터 다시 하자 | 162 |

## Part 4.
### 보안인생은 프로인생이었다

| | |
|---|---|
| 두 번째 열병, 다시 '글짓기 반'으로 | 166 |
| 소설을 쓰겠다며, 문예창작과에 입학하다 | 170 |
| 늦깎이 유학생의 필리핀행(行) | 174 |
| 더 큰 시장을 찾아 뉴욕으로, 세계로 | 176 |
| 5대양 6대주를 누비며 | 182 |
| 아주 특별한 '이색 전시회'들 | 184 |
| '오지 말라는데'... '나는 이때다' 하고 출발해 버렸다 | 187 |
| 홍콩에서 '탐정교실'을 기획하다 | 191 |
| 녹취만이 살길이다 | 194 |
| 가짜 기지국 사건들 | 198 |
| 몰카 세상, 당신은 안녕하십니까? | 200 |
| 내 몸속에 칩(Chip)을 심었다 | 202 |

| | |
|---|---|
| 우리를 흥분시키는 전문적인 도청기, 모두가 작품입니다 | 207 |
| 내가 보고 듣고 만져 본 도청기, 프로페셔널합니다 | 210 |
| 스마트 폰 해킹 애플리케이션 | 217 |
| 여우 사냥 | 220 |
| 얼마 전, 미국의 **장관이 서울에 왔을 때 | 226 |
| 홍콩에서 우리를 소개받았다며 | 228 |
| 그들은 왜 '텔레그램'을 써야만 했나? | 230 |
| '1등 도청보안전문가'가 되기 위한 노력은 계속된다 | 232 |
| 엿듣는 도청, 엿보는 몰카 | 236 |
| 도청검증, 안교신(交信)이 나설 수밖에 | 237 |

## Part 5.
### 나는 누구인가, 꿈을 추수하자

| | |
|---|---|
| 나도 산악인이어라 | 244 |
| 플랫폼 노동자, '배달'을 경험하다 | 250 |
| 5월, 지중해에 들어갑니다 | 258 |
| 버킷리스트, 또 다른 영역의 꿈이다 | 263 |
| 미국에 살면서, 해 보고 싶었습니다 | 269 |
| 내가 '돈'을 못 버는 이유를 알고 있다 | 272 |
| 불현듯, 우수아이아에서도 살아보고 싶은… | 277 |
| 안 선생, 우울증이 있습니다 | 279 |

### 에필로그
| | |
|---|---|
| 어쩌면 또 다른 흥분은 이미 시작되었는지도 모른다 | 282 |

| 프롤로그 |

# 라디오와 문학은
# 세상을 바라보게 해 주는 창窓

초등학교 4학년, 학교 동아리 <글짓기 반>에서 우연히 라디오를 만난 후, 나는 라디오의 소리와 모습에 빠져 혼몽스러웠다. 꿈인지 생시인지, 나는 현실과 다른 새로운 세계로 들어가게 됐다.

라디오는 나와 다른 세계를 연결해 주는 통로였다. 라디오 진동수는 내 삶을 안내해 주던 주파수였다. 나는 라디오로 인해 '통신보안'이라는 직업을 가졌다. 언어의 진동수가 문학이라는 주파수에 얹혀 내 마음을 통해 나오듯 라디오는 나의 글짓기를 끌어주었다. 나는 소설을 썼고, 이렇게 나를 돌아보는 에세이를 쓰고 있다.

그동안의 생각을 담아 다시 집을 떠났다. 이번에는 아르헨티나 우수아이아. 세상의 끝, 지구 최남단의 작은 마을, 문명과 대자연이 살아 숨 쉬는 곳이라는 타이틀을 가진 이곳으로 와서 12시간의 시차를 만났다. 낮에는 집중해서 나를 회상하는 글을 쓰고 밤에는 서울의 업무를 처리할 작정이다.

남극에 가까운 이곳의 밤은 10시쯤 늦은 시간에 어둠이 찾아오고 새벽 4시가 되면 어둠이 걷히고 밝아 온다.

그동안 통신 관련 전문 서적을 써왔지만, 이번에는 일반 독자들을 초대할 수 있는 책을 펴내려고 한다. 무엇보다 전문 용어를 쉽게 풀어 순화시켜야 할 것이다. 지금까지 경험해 왔던 도청보안전문가로서의 숨 막히는 비화들, 그리고 지금의 일을 하기까지 있었던 과정도 담담하게 말할 생각이다.

어느 날 문득, 나는 내가 누구인지 알아내고 싶었다. 나는 어린 시절을 기억하려 무진 애를 썼다. 그랬더니, 전혀 생각나지 않던 일도 마치 고구마 넝쿨이 달려 올라오듯 기억이 뭉게뭉게 피어올랐다.

본문에서 소개할 '릴 녹음기' 에피소드도 언젠가 한 번 떠오르고는 사라진 기억이었다. 그러나 즉시 메모로 옮긴 덕분에 이 시간까지 생생하게 남아 있다. 고등학교 때의 독서에서 저자가 생각나지 않았었는데, 안간힘을 다해 회상하니, 책의 제목뿐 아니라 표지 디자인, 첫 구절과 마지막 문장까지 줄줄이 욀 정도가 됐다. 놀라웠다.

형님의 지게에서 토마토를 찾아 먹던 일도 언제나 기억 속에 맴돌던 이야기는 아니었다. 회고 노력의 결과였다. 모든 것들이 나의 어릴 적 이력서를 채워주고 있다.

나는 기억 속에서 찾아내고 발굴한 나 자신의 모습에서 나의 진실한 면모를 볼 수 있었다. 나를 회상하는 일은 나를 찾는 일이다. '나'라는 존재가 겪어왔던 시간과 공간을 되짚어가면서 나를 만나는 작업이야말로 세상에서 제일 소중한 일이다. 이 작업은 하룻저녁에 완성할 수 있는 일이 아니다. 적어도 수개월이 걸리는 작업이었다. 일상생활을 해가며 떠오르는 것이 있으면 그때마다 메모하고 기록해두어야 한다. 독자 여러분들도 해 보시라, 권하고 싶다.

과거에 대한 메모가 어느 정도 되었으면 이제 차근차근 나에 대한 퍼즐을 짜 맞추는 것이다. 나에 대한 맥락을 찾아 나가는 것이다. 생각보다 흥미롭다.

여러 날이 지나 퍼즐이 완성되었으면 좋아하는 부분에는 좋아하는 색을 칠해 보는 것이다. 나의 퍼즐은 라디오에서부터 시작된다. 별로 기억하고 싶지 않은 부분에는 싫어하는 색을 칠하거나, 아무런 색을 입히지 않아도 좋다. 이 단계에서 퍼즐의 윤곽이 나타난다. 그다음, 좋아할 수 있는 일에 집중하는 것이다.

두 번째 인생에서는 좋아하는 일만을 찾아서 하는 게 좋다는 생각이다. 첫째 목표는 하고 싶은 일을 찾는 것이고 둘째는 일을 완성하는 것이다. 완성이 성공으로 이어질 수 있지만, 반드시 성공이 아니어도 좋다. 완성품이 크건 작건 자신의 목표가 이뤄지면 그것으로 행복하다.

내가 좋아하는 시를 하나 소개해 본다.

### 가지 않은 길
　　- 로버트 프로스트

노랗게 물든 숲속에 두 갈래 길이 있었는데
두 길 모두를 가지 못하는 안타까움에
나는 한 명의 여행자가 되어, 한참 동안 망설이다가
그중 한 길 끄트머리 시선이 닿는 곳까지 내려다봤다
덤불에 가려 구부러진 곳으로

두 길 모두 아름다운 길이었지만
어느 한 길이 더 나을지도 모른다는 생각에
사람들 발자국이 적은 길을 택했는데
하지만 그 길을 걷다 보니
실상은 두 길 모두 비슷한 길이라는 걸 알았다

그리고 그날 아침에 본 두 길은
누군가가 낙엽 밟은 흔적도 전혀 없었다
아, 나는 다음을 위하여 한 길은 남겨 두었다
그러나 길은 길로 이어짐을 알았기에
내가 다시 그 길을 걸으리란 확신도 없으면서!

나는 훗날 어느 날 어디에선가
긴 한숨을 쉬며 이야기할 것이다
숲속에 두 갈래 길이 있었는데
나는 그중 사람이 적게 간 길을 택하였다고
그 일을 겪은 후로 많은 것들이 달라졌다고

## The Road Not Taken
  – Robert Frost


Two roads diverged in a yellow wood,

And sorry I could not travel both
And be one traveler, long I stood
And looked down one as far as I could
To where it bent in the undergrowth;

Then took the other, as just as fair,
And having perhaps the better claim,
Because it was grassy and wanted wear;
Though as for that the passing there
Had worn them really about the same,

And both that morning equally lay
In leaves no step had trodden black.
Oh, I kept the first for another day!
Yet knowing how way leads on to way,
I doubted if I should ever come back.

I shall be telling this with a sigh

Somewhere ages and ages hence:
Two roads diverged in a wood, and I—
I took the one less traveled by,
And that has made all the difference.

제목 그대로 '가지 않은 길'처럼 인생의 길은 늘 두세 가지 선택의 길이 생겨난다. 어떤 길을 택하느냐에 따라 '후회' 또는 '안도'가 정해진다. 우리는 대개 후회를 한다. 아니, 후회라기보다는 다른 길을 갔더라면 어땠을까를 상상한다. 기회가 더 주어지지 않았을까, 하는 상상 말이다.

나는 그동안 모질게 살아왔다. 내가 라디오를 만나지 않았다면 아니, 글짓기 대회 때 자장면집에만 가지 않았다면 대학의 전공은 '국어국문'이었을 것이다. 삶의 고단함에 치어 내가 갈 길이 아닌 줄도 모르고 이제껏 남의 길을 갔을 수도 있지 않았을까 싶다.

중요한 것은 가장 좋아하는 일이 무엇이었나를 엄격히 선별해내는 데 있다. 오늘의 자신을 분명하게 되짚어보고 남은 인생에서 불필요한 소모적인 요인들을 걷어내야 한다. 앞의 경험을 토대로 두 번째는 원래의 나를 찾아 좀 더 행복한 삶을 살아가면 될 것이다.

이번 책은 내가 중학생 때 [과학 잡지]를 읽고 깊은 영향을 받아 훗날 취미가 직업으로 된 것처럼 청소년도 읽어주었으면 좋겠다. 그리고, 내가 고등학교 때 학생 잡지에 쓴 원고를 읽은 후 대학의 전공을 통신공학으로 정했다는 군대 \*\*후임병처럼 청년 애독자가 많기를 기대한다. 하고 싶은 일을 찾아 자신만의 것으로 이루어내는 그 성취가 꿈을 좇는 젊은이들에게 영감을 주었으면 한다.

나에게 있어 라디오와 문학은 세상을 바라보게 해 주는 창窓이었다. 나는 라디오와 문학이라는 창을 통해 세상을 겪어나갔다. 독자들도 이 창을 통해 나를 바라봐 주길 바란다.

| 추천사 |

# 상상, 그 이상의 '상상'을 하면 신세계가 있다

　내가 알고 있는 안교승 대표는 5대양 6대주를 누비면서 도청방지, 도청기술에 대한 폭 넓은 정보수집을 하는 '도청정보전문가'이다. 그러면서 그 정보들을 오롯이 자사 제품에 역으로 녹여 넣는 그 만의 노하우를 가지고 첨단기술로 공격해오는 敵, 스파이를 은밀하게 잡아내는 그 치밀함을 엿볼 수도 있다. 한편으로 지금까지 세상에 없었던 정부기관, 대기업의 도청방지 검증 활동에 앞장서는데 대하여는 매우 깊은 감명을 받았다. 실제로 이동통신, 와이파이, 전문가급 도청장치 등 디지털 공격에 제 기능을 하는지 여부를 투명하게 검증하는 분야로 사업을 확장한다는 것이다. 도청검증은 사실상 아무도 하려 하지 않는 영역이다. 그만큼 민감하고 까다롭고 어렵기 때문이다. 지금까지 보안업무에 있어서 반드시 필요한 이러한 고객의 니즈는 민간, 정부기관을 불문하고 그 어디에서도 해소할 곳이 없었다.
　돌이켜보면 취미가 직업이 된 안 대표만의 자신감이 할 수 있는 힘이 되었을 것이라 믿는다.

　해외 시장조사 업체가 글로벌 주요 사업자의 시장 영향력과 통신보안의 시장현황을 분석한 결과 국내에서는 유일하게 통신보안TSCM 업계 글로벌 4위를 지키고 있다고 한다. 안 대표에게 박수를 보낸다.

그간 관련 업무를 해 오면서 도청에 관한 여러 권의 책을 집필하는 등 '통신보안'에 젊음을 쏟았다. 그런데 소설 쓰기를 공부한다는 것, 또한 끊임없는 도전이 많은 이들에게 귀감이 될 것이다.

안 대표가 말했듯이 많은 청소년들이 이 책을 읽고 꿈을 좇는 영감을 받기를 기대한다.

**염상국** 전 대통령경호실장/알투에스(주) 대표이사

| 추천사 |

# 자신 있게 세상을 바라보는 관점을 가져라

- 「CIA, 서울에는 비밀이 없다 -글짓기반, 라디오를 만나다」에 부쳐

최고의 보안전문가가 책을 또 펴낸다. 이번에는 보안에 대한 책이 아니다. 그가 살아왔던 이야기다. 어느 한 분야의 정상에 위치하면 돌아보는 시간을 가져야 한다. 인디언들은 힘껏 달리다가 가끔 쉬며 뒤를 돌아본단다. 자신의 그림자가 잘 따라오는지 확인하려고 말이다. 안교승 대표가 말에서 내려 자신의 그림자를 기다리는 시간 동안 글을 써온 것으로 보여졌다. 나는 그의 원고를 읽으며 안교승의 그림자를 그려 본다.

나는 안교승 대표를 문학 선생과 제자로 만났다. 이십 년 전이다. 그때나 지금이나 그는 달라진 바가 없어 보인다. 웃으면 눈가에 주름이 좀 잡힐 뿐, 흰 머리카락이나 선한 눈빛, 웃을 때 드러나는 고른 치열… 모든 게 변함이 없었다.

이십 년 전, 나의 <현대소설특강> 교실에서 그는 제일 뒤편에 앉아 내 모습을 그윽이 바라보며 귀를 기울이고 있었다. 그는 수업 내내 내게서 눈을 떼지 않았다. 노트도 하지 않았다. 그저 나만 쳐다보았다. 그의 몰입에 오히려 내가 눈을 피해 칠판에 판서

하며 강의해 나갔다.

안교승 대표는 내 수업 두 과목을 모두 신청했는데, 점수가 높았다. 학기마다 종강하는 날이면 그와 술판을 벌였는데, 그는 내 수업에서의 핵심을 줄줄 꿰고 있었다. 과연 그는 주파수가 남달랐다. 그의 머리에, 그의 가슴에, 그의 귀에 얹혀 있던 내 강의 내용이 소주와 함께 술술 나왔다. 그에게는 타고난 주파수 흡입력이 있던 것이다. 그와 멀리 떨어져 있어도 그는 마음만 먹으면 내게로 채널을 맞춰 내 주파수를 받아낼 수 있을 것 같았다. 나는 몰래 녹취 당하는 느낌이었지만, 기분이 나쁘지 않았다. 그렇게라도 나를 기억해 주기를 바랐던가 보다.

그는 졸업 후에도 내게 근황을 전해왔다. 이 책에 자세히 나와 있듯, 필리핀에서의 어학연수와 미국에서의 사업 구상, 일본과 유럽에서의 전시, 동남아 사업 진출 등으로 바쁜 가운데, 그는 내게 사진을 보내왔다. 일보다는 취미와 휴식 사진이었다. 스킨스

쿠버, 등산, 트레킹 모습이 내 메일로 날아들었다. 내게도 휴식을 권하는 사진이었다.

안교승 대표는 가끔 에세이와 짧은 소설도 보내왔는데, 글이 점점 안정돼 가고 있었다. 세월의 무게를 얹은 문장이 마음을 가라앉혔다. 학교 다닐 때와는 전혀 달랐다. 그가 미국에서 돌아와 나를 찾은 것은 문학에 대한 그리움 때문이었을 것이다. 나도 그를 기다렸다. 그의 에세이가 내 기다림을 증명해 주었다.

…그것뿐이 아니었다. 같은 해 5월 중간고사가 있었는데 〈전기통론〉 시험과목에서는 반드시 공학용 전자계산기가 필요했다. 당시 나는 아무 생각 없이 계산기가 필요하다며 말씀을 드렸고 형님은 회사를 결근하면서 시험 날 새벽 충북 제천에서 기차로 출발하셨다. 그리고는 세운상가에 들러 계산기를 사가지고, 시험 시작 전까지 학교에 도착하셔서 내게 계산기를 전해주셨다.

형님의 동생에 대한 사랑과 희생이 얼마나 지극했는지 알게 되는 대목이다. 안교승 대표가 최고의 보안전문가가 되기까지, 대한민국 명장 2관왕이신 형님의 뒷바라지가 있었다는 사실을 나는 지난 그와의 북한산 등반을 통해 알게 되었다. 월급의 절반 이상을 동생에게 매달 부쳐 주시던 형님에 대한 감사는 이 책에도 절절히 새겨 있다. 안교승 대표에게는 북극성 같은 좌표가 있었고, 형님의 좌표에 주파수를 맞추며 대표는 힘든 여정을 헤쳐 나갔을 것이다.

그는 우리 사회에서의 한 분야의 전문가로 우뚝 서 있다. 그렇게 되기까지 부단한 노력을 해왔음을 나는 알고 있다. 노력을 할수록 사회의 부조리한 모습이 잘 보여 안타깝기도 하단다. 그렇다. 과학기술이 발전할수록 생활은 편리해져 가지만 사람과 사람 사이는 멀어지게 되었다. 자기본위로 자기만 편하게 잘 살려는 욕망은 점점 커져 나갔다. 멀어진 사람 사이여도 발달한 기술로 다른 사람의 진실을 빼앗아 자기 편의로 사용한다. 서로의 탐욕으로 서로 믿지 못하는 사회가 돼 가고 있음을 그는 개탄한다.

안교승 대표는 도청, 비밀, 허위, 기밀 유출 등의 일에서 벗어나고 싶어 한다. 새로운 꿈을 꾸려 노력한다. 이제 그는 세 번째 꿈 중에서 자연과의 친화를 만들어나가려 는 듯 보인다. 자연은 거짓을 말하지 않음을 그는 알고 있다. 그래서 자연에 가까이 가려 노력하고 있다. 그가 최근에 우수아이아에 다녀온 이야기를 해 주었다. 세상의 끝에서 모든 것을 내려놓고 자연과 함께 지내고 싶단다. 아름답고 편안한 아르헨티나의 산 밑에서 살아가고 싶단다.

    나는 그와 몇 차례 산에 오른 적이 있다. 서로 시간이 맞을 때 그와 도봉산에 올랐다. 그의 등산 경험으로 나는 자연을 더 가까이 즐길 수 있게 됐다. 건강은 물론 덤이다. 어느 때인가 산에 오르며 나는 그에게 '자연인이다'라는 텔레비전 프로그램을 이야기했다. 내가, 안교승 대표는 자연인으로 살아도 잘 살아갈 것이라 했더니, 그는 자신 있다며 움막 짓고 무전기 설치해놓고 거기서 일하며 자연과 살고 싶다고 했다. 나는 그가 그렇게 되기를 바라기보다 사회가 먼저 자연처럼 진실되기를 바란다고 했다. 그가 동의했다.

    20년 동안 그는 변하지 않았지만, 변한 게 전혀 없지는 않았다. 타투였다. 그는 최근에 타투를 했다. 스페인 전시 출장에서 그는 회사의 로고를 몸에 새겨넣었다. 그 모습을 카톡으로 보내왔는데, 처음에는 의아스러웠다. 애들도 아니고…, 낯설었지만 그의 심경을 살피니 이해됐다.

그는 그동안 회사 일로 지쳐 있었을 것이다. 그의 육체와 정신이 모두 회사 그 자체였다. 회사를 떠나 있고 싶었을 것이다. 그러나 그럴 수는 없을 것이다. 아예 회사를 몸에 넣겠다고, 회사를 지워지지 않도록 몸에 새겨 버리겠다고 생각했을 것이다. 이것은 지극히 자연스러운 일이었다.

안교승 대표는 이제 세 번째 꿈을 꾼다. 이 책을 쓰면서 그는 과거를 회상해나갔다. 그러면서 자신을 꿈꾸었다. '시인은 미래까지도 회상하는 사람'이라는 최인훈 작가의 말처럼 그는 미래를 회상해나갔다.

안교승 대표의 「CIA, 서울에는 비밀이 없다-글짓기반, 라디오를 만나다」를 꼼꼼히 읽으면 미래가 보인다. 꿈을 가져라, 청년이여 야망을 품어라가 아닌, 자신을 돌아보라, 자신의 맥락을 찾아 자신의 진정한 모습을 찾아라, 라고 말하고 있다.

청년들이 안교승 대표의 미래를 회상하는 이 책을 읽고 자신 있게 세상을 바라보는 관점을 가지게 되길 희망한다.

**김기우** 문학박사/ 소설가

타투하는 과정을 아무런 기록 없이 소비하는 것이 못내 아까워서 각 과정마다 매니저를 불러 사진을 찍어 달라고 요구했다. 매니저 하시는 말씀, 자기가 타투샵 30년에 외국인이 잠시 여행 와서 타투를 하는 것도 처음 보았고, 이렇게 과정마다 사진을 찍는 경우도 처음이라고 하며 껄껄껄.

타투를 마친 다음날, 곧바로 전시회가 시작되었다.
아무리 해외라고는 하지만 조금은 낯선 터라 오전에는 와이셔츠를 입어보고, 안 되겠다며 오후에는 전날 사두었던 민소매 티로 갈아입었다.
결과는 난리였다. 이미 알고 지내던 업계 사람들은 물론이고 모르는 사람들까지 같이 사진 찍자며 몰려들었다. 이어서 이번 타투의 의미를 설명하는 것은 덤. 그야말로 전시하러 나간 우리 제품을 넘어선 최고의 흥행이었다.

이제는 영원히 지워지지 않는다는 타투이스트의 말이 꿀맛처럼 들려왔다.

Part **1.**

# 또 다른 꿈, '타투'로 시작하다

# 빨간 넥타이를 맨 신사, TATTOO

얼마 전 아주 신선한 대형사고를 쳤다. 그것은 다름 아닌 왼쪽 팔에 큼직하게 컬러로 새겨진 빨간 넥타이를 맨 신사 타투, 작품이었다.

사실 나를 타투로 이끌게 한 힘은 그간 해 온 나의 일을 너무나 사랑하는데서 시작되었다.

내 평생 좋아하는 일만 해왔고, 그 1등 자신감이 결국 타투라는 상징으로 돌아왔다고 생각한다. 그런 만큼 그동안은 쉽게 다가설 수 없는 오묘한 것이기도 했다.

이번 일은 내가 27년째 도청 보안업무를 해 오면서 나를 가장 뿌듯하게 한 훌륭한 선택이었다. 나의 직업은 누군가에 의해 도청(엿듣는)을 당하는 입장에서, 도청으로 인한 피해를 막아주는 도청보안전문가이다. 이런 내가 스페인 출장에서 150유로짜리 완벽한 그림을 그렸다. 한쪽 손을 귀에 대고 안테나를 통해 무언가를 엿듣는 듯한 그림, 이 세상에 하나밖에 없는 타투이다. 작업에 들어가기 전, 타투이스트에게 원본을 건네주며 크기를 80%로 줄여달라고 하였는데도 결과는 자랑스러울 만큼 크다.

사실 전부터 이번 출장에서는 기필코 팔에 타투를 새겨야겠다는 생각이 마음속 가득 했다.

또 다른 삶을 사는 데에 대한 분기점의 의미? 또는 그간 많이 해왔던 익숙한 '도전'보다는 좀 더 새로운 자극제가 필요했나 싶기도 하다. 내가 해 왔던 많은 일 중에 가장 용기 있는 일을 했다며 박수받은 것도 정말 오랜만의 긍정적 응원이었다.

# 이것이 '타투'이다

　　　　　　　　　　나는 사실, 요즘 타투라고 하면 파일로 데이터를 건네주면 기계에서 자동으로 프린트하듯 그려지는 줄 알았다. 그런데 뜻밖에 A4 용지에 적당한 크기로 프린트한 출력물을 팔에 얹어놓고 손으로 그리는 아주 옛날 방식이어서 깜짝 놀랐다. 그런데 결과물은 아주 정교했다. 다시 한번 놀랐다. 이 대목에서 그들의 미술 실력은 곧바로 인정하고 넘어갈 수밖에 없었다.

　　타투하는 과정을 아무런 기록 없이 소비하는 것이 못내 아까워서 각 과정마다 매니저를 불러 사진을 찍어 달라고 요구했다. 매니저 하시는 말씀, 자기가 타투 샵 30년에 외국인이 잠시 여행 와서 타투를 하는 것도 처음이며, 이렇게 과정마다 사진을 찍는 경우도 처음이라고 하며 껄껄껄.

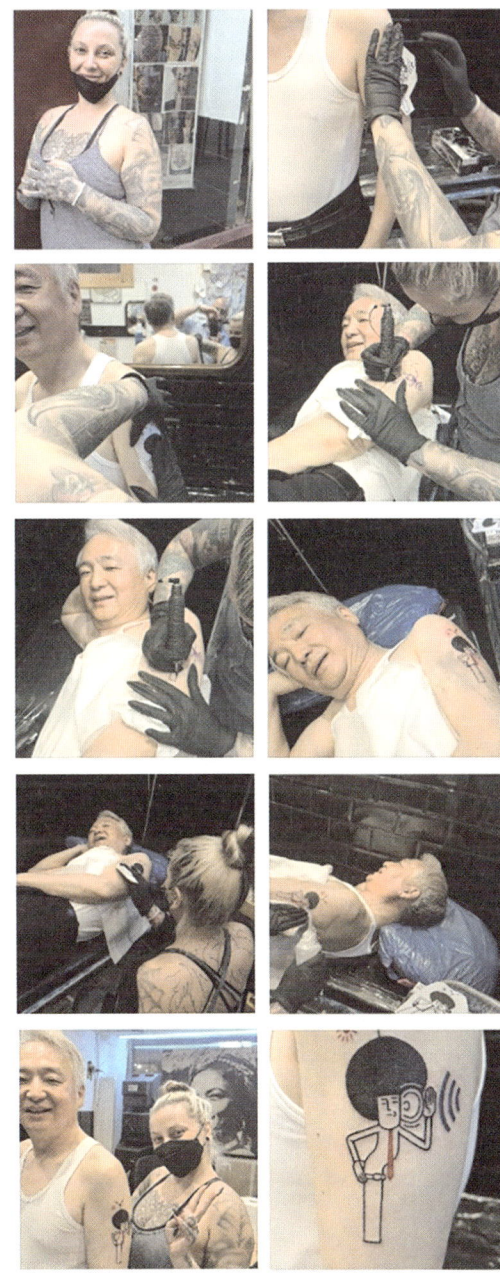

**타투** – 또 다른 삶을 사는 데 대한 분기점의 의미? 또는 그간 많이 해왔던 익숙한 '도전'보다는 좀 더 새로운 자극제가 필요했나 싶기도 하다.

실제로 상처가 덧나거나 또는 아물기까지 조심스러워 외국에서 시도하기가 쉽지 않을거라던 매니저 얘기에 공감도 되었다.

1시간 30분 정도 진행된 작업에서 아프지 않느냐는 질문에, "시작 전에 단단히 각오해서인지 아픈 줄은 몰랐다. 그런데 전체 그림 중 많은 부분을 차지하는 큰 머리통을 약 30분간이나 집중해서 그릴 때는 좀 지루하기도 하고 아려왔다."라고 대답했다.

이후 상처 없이 잘 마무리된 걸 보면 어쩌면 내가 타투에 최적화된 피부일지도 모른다는 쓸데없는 생각에 웃음이 절로 난다.

이제는 영원히 지워지지 않는다는 타투이스트의 말이 꿀맛처럼 들려왔다. 그러고는 깜박 졸았다.

# 내 인생의 최고임을 내뿜을,
# 안교승의 분신이다

타투를 마친 다음날, 곧바로 전시회가 시작되었다.

아무리 해외라고는 하지만 조금은 낯선 터라 오전에는 와이셔츠를 입어보고, 안 되겠다며 오후에는 전날 사두었던 민소매 티로 갈아입었다.

결과는 난리였다. 이미 알고 지내던 업계 사람들은 물론이고 모르는 사람들까지 같이 사진 찍자며 몰려들었다. 이어서 이번 타투의 의미를 설명하는 것은 덤.

그야말로 전시하러 나간 우리 제품을 넘어선 최고의 흥행이었다.

앞으로 해외 출장(전시회)을 나갈 때면 언제나 민소매 티를 입을 것이다. 참관객들 눈에 띄면 단번에 나에 대한, 우리 제품에 대한 이미지가 강하게 어필할 것이고 영업활동에도 긍정적으로 도움이 될 것이다. 요즘 타투가 흔하디 흔한 것이지만 이번에 나의 타투는 그 디자인이 우리 업무와 깊은 상징성이 있어 보이는 나 혼자만의 타투이기 때문이다.

나는 이 타투를 안교승의 분신으로서 가만두지 않을 것이다.

나는 점차 젊어지고 있는 기분이다. 나이 들면서 성숙해지는 기분이 아니라, 성숙해지면서 더 젊어지고 패기 넘치게 되는 느낌이다. 치기라 해도 상관없다. 나는 패기라고 여긴다.

프리츠 쿤켈이 한 말처럼 나는 피하지 않고 살아왔기 때문이다.

—성숙하다는 것은 다가오는
모든 생생한 위기를 피하지 않고
마주하는 것을 의미한다.

# 꿈꾸는 자의 세 번째 꿈

나의 세 번째 꿈은 사업에서의 성공이 아닌, 이 책에 소개도 하게 되는 개인 안교승의 '버킷리스트'를 진정으로 실행하고픈 것이다.

이제부터 내가 살아온 몫의 이야기를 해보려 한다.

파이팅!!

이제 영업이 남았다. 사실상 가장 중요한 것이었다. 앞서 호텔 구상에서 작성한 보도자료를 각 언론사에 보냈다. 조마조마하게 기다리는 날들이 이어졌다. 전화벨 소리만 들리면 '혹시 기자?' 하는 생각으로 뛰어가서 큰소리로 받았다.

보도 자료를 통한 기사화를 목표로 했던 것은 보안업무의 특성상 먼저 찾아가서 상담할 사항이 아니라는 조심스러운 판단 때문이었다. 당시에도 '도청 보안' 업무는 기업체 최고위층 일부만 관심을 가지는 정도였다. 그만큼 보안 의식이 희박하기도 했지만, 지금도 마찬가지로 자신 이외의 다른 사람에게 꺼내 놓고 상의할 일이 아니기 때문이다. 그런 사정으로 VIP 최측근에서 극비리에 처리하는 것이 관례다. 지금 생각하면 그때의 영업 전략은 그러한 분위기와 다행스럽게 맞아떨어졌다.

첫 만남은 가짜명함으로 시작하기도 하고 약속 장소를 이리저리 옮기는 것도 그리 낯설지 않다. 심지어는 수차례 자세하고도 치밀한 상담을 마친 후 정작 방문 장소에 대하여는 밝히지 않은 채 보안 측정 당일 약속 시각에 '퇴계로' 입구에 진입하면서 전화를 하면 그때 안내를 하겠노라고 주문하는 철저한 고객도 있다.

Part **2.**

# 아무도 가지 않은 길

# 통신보안의 길을 찾아서

나의 직업은 '도청(통신)보안전문가'이다. 나의 주된 작업은 첨단 기술을 이용한 정보 유출을 사전에 방지하는 일이다. 급변하는 세계정세 속의 국가경쟁력 확보와 국부유출을 막는, 의미 있고 보람 있는 일이다.

국무총리 등 3부 요인, 실세 장관, 대선 후보, 전직 대통령, 국회의원, 언론사 사장, 대기업 회장 등이 나의 고객이다. 나는 그동안 고위급 인사들의 보안을 지키는 일을 해왔다. 그 외에 <남북정상회담>, <특별검사실>, <서울 G20 정상회의>, <대통령 탄핵 재판(노무현, 박근혜 전. 대통령)> 보안 활동에도 참여했다. 나의 일은 무거우면서도 예리해서 나는 늘 머리에 칼을 올려놓은 채 지내는 그리스 신화의 한 주인공처럼 살아왔다.

— 우리의 삶이 나아지는 것은 무언가를 시도할 때뿐이다. 그때 우리

가 가장 먼저 직면하게 되고 가장 어려운 위험에 맞닥뜨리는 것은 자기 자신에 대한 정직이다.

월터 앤더슨이 한 말이다. 그는 내가 존경하는 미국의 기업가이다. 미드 애틀랜틱 텔레콤과 에스프리트 텔레콤을 포함한 여러 회사를 설립한 인물이다. 그의 말처럼 일단 나의 시도, 희망, 꿈에 대해 정직하자는 것이 이번 책을 쓰게 된 최고의 목표였다.

내가 '통신보안'에 관심을 두게 된 동기는 뜻밖의 사건에서 시작됐다.

1992년 12월 11일, 대통령 선거운동 기간 중의 일이다. 그날 오전 부산의 한 음식점에서 여권 인사들이 나눈 비밀 대화 내용이 폭로됐다. 한국 정치사에서 가장 드라마틱한 대표적 도청사건으로 유명한 '초원 복국집' 사건이었다.

현직 법무부 장관을 포함한 부산 지역 유력 기관장들이 참석했던 그 모임에서 다른 사람이 당선되면 부산·경남 사람들 영도 다리에 빠져 죽자는 등 지역감정을 자극하는 발언들이 쏟아졌다.

영남 출신의 김영삼 후보가 당선될 수 있도록 영남 지역에서 적극적으로 도와야 한다는 결의였다. 그러나 그 내용은 상대 진영이었던 정주영 후보 측에 고스란히 도청되었다. 그들이 모인 식당 내실 창문 틈에는 일회용 라이터 크기의 고성능 도청 송신기가 숨겨져 있었다. 벽 속에 귀가 있는 셈이었다. 수사 결과 사건이 터지기 며칠 전, 손님을 가장한 정체불명의 팀들이 설치한 것으로 드러났다.

사회 지도층의 부도덕한 발언과 비양심적인 도청사건이 세상에 알려지면서 파문은 걷잡을 수 없이 번져나갔다. 그러나 선거 민심은 새로운 양상으로 접어들었다. 지역감정을 부추기는 발언 때문에 김영삼 후보가 낙선할지도 모른다는 위기감이 확산되면서 오히려 김 후보 쪽으로 표가 쏠리는 현상이 나타난 것이다. 그 당시 법적인 처벌 근거가 없었던 '성공한 도청'은 빗나갔고, 결과는 김영삼 후보의 당선이었다.

그 파문은 훗날 고질적인 지역감정 용어가 되어버린 '우리가 남이가'를 유행시키기도 했다. 무엇보다 그 사건은 '통신비밀보호법' 제정의 필요성이 제기된 직접적인 계기로 이어졌다.

뒤이어 산업스파이에 의한 도청, 사생활 침해 사례들이 잇달아 사회문제로 부각되기 시작하였다. 첨단 기술과 마비된 양심의 합작품이 '도청'이라는 추한 이름으로 세상에 모습을 드러내는 순간들이었다.

나는 그 사건들을 지켜보면서 '아! 도청이라는 것이 결국 통신 기술을 바탕으로 하는 것이고, 그렇다면 조금 더 진보된 발상의 전환으로 도청 장치를 탐지하거나 도청을 방지할 수도 있겠구나.' 하는 생각을 스쳐 지나가는 별똥별처럼 한순간 경험하였다.

시간이 흐르고 파문은 가라앉았다. 나도 그때의 사건들을 기억 저편에 두고 본업에 충실할 때였다. 그즈음, 나는 휴대폰용 안테나 부품 생산을 하고 있었다. 한 달에 오십만 개 이상을 생산할 정도로 바쁘게 보냈다. 그런데 언제부터인가 안테나 부품사업도 조금씩 하강 곡선을 그리고 있었다. 내 마음도 은근히 불안해졌다.

출고할 제품의 품질검사를 하던 중 문득 '도청'이라는 용어가 내 머릿속에 꽂혔다. 그리고 무언가 새로운 일을 해야겠다는 생각이 꿈틀거렸다. 그것은 곧 하지 않으면 안 될 조바심과 위기감으로 바뀌었다. 결국 오래 가지 않아 실행을 위한 구상에 돌입했다. 그것은 도청기가 작동되고 있는지 여부를 탐지해내는 '통신보안' 사업이었다.

# 아무도 가지 않은 길

1996년 1월 1일 새해 첫날이었다. 그간 준비했던 통신보안 사업기획을 완성하기 위해 인천의 올림포스 호텔에 묵었다. 하얗게 밤을 지새우며 작성한 서류들을 한 장씩 읽어 내려갔다. 군데군데 마음에 들지 않는 곳은 차분하게 다시 수정해 나갔다.

고객 기업에게 체계화된 회사라는 것을 각인시키기 위하여 회사 형태는 개인보다는 법인, 즉 주식회사로 설립하기로 하였다. 아울러 관련 업무의 대표성을 상징하는 상호가 필요했다. '한국기업보안주식회사'로 결정했다.

그리고 '도청'이라는 입에 담기에도 민감한 사안을 은밀하고 조용하게 처리하려면 먼저 '나'라는 존재부터 노출을 삼가야 할 것 같았다. 상대방에게 절반의 의혹과 절반의 신비감을 주는 가운데 보안전문가로서 독특한 신뢰를 만들어갈 수 있을 것이라는 생각이었다.

그런 이유로 회사 주소 표기는 '사서함'으로 하였다. 서울 중앙우체국 사서함 3223호. 솔직하지 못한 느낌이 묻어났다.

다음으로 전화번호를 골랐다. 마치 007 영화에 나오는 제임스 본드처럼 움직여야 할 내게 가장 적당한 전화번호는 (080)007-0077이었다. 대고객 서비스를 위하여 수신자부담번호를 채택하였다. 전화번호는 번호 앞자리 국번만으로도 대략 위치를 짐작할 수 있는 일반적인 것과는 달리, 도대체 어느 지역에 있는지 알 수 없는 번호체계를 썼다. 마음에 들었다. 한 발 더 나가 전문 보안회사 분위기가 물씬 풍기는 (080)777-0113도 확보하였다. 당시 국가정보원 안내번호가 (080)999-0113, 국군방첩(기무)사령부 대공 상담 안내번호는 (080)777-1113번이었다. 누가 보아도 내 번호가 원조처럼 보였다.

나중에 사업을 시작한 후 어느 날 출근하니 어떤 군인이 나를 기다리고 있었다. 무슨 일인가 했더니 혹시라도 간첩 신고가 들어오면 그냥 '뚝' 끊지 말고 군부대 전화번호로 안내를 부탁한다며 돌아갔다.

보도 자료도 작성하였다. 국내 최초로 통신보안 사업을 시작했다며 앞으로 내가 하게 될 업무를 소개하였다. 산업스파이에 의한 기업의 기밀 유출이 결국은 국가 경제위협으로 되돌아오게 될 것이라는 경고도 잊지 않았다.

그곳에서 사흘이 지났다. 거의 윤곽이 보이는 것 같았다. '세계적 타깃은 서울에 있습니다.'라는 슬로건도 만들었다. 보안 이미지를 위하여 검은색 양복도 한 벌 사기로 했다. 호텔에서의 사업기획을 모두 마치고 부풀린 꿈을 안고 현실로 돌아왔다.

결국 그간의 체험을 한 곳으로 모아 아직 그 실체가 확실히 보이지 않는 '통신보안' 사업에 앞으로 나의 인생을 집중하기로 하였다. 그 사업은 아무도 가지 않은 길을 가보자는 도전적 배경을 가진 프로젝트였다. 내가 할 수 있는 분야에서 나만의 직업 세계를 창조해 보자는 것이었다.

나의 '통신보안' 이야기는 이렇게 시작되었다.

# 보안장비 제1호

이어서 새롭게 추진할 사업내용의 구체적 설정을 마무리하고, 기술적 문제를 해결해 나갔다. 먼저 도청 기술에 대한 이해가 필요했다. 취미생활을 하면서 보유하고 있던 햄Ham용 무선 장비를 해체하여 탐지 장비 개념에 맞도록 개조하는 것으로 실험을 시작하였다. 밤낮으로 해외 사이트를 뒤지고, 관련 장비 샘플과 서적을 주문하였다. 인터넷 보급이 막 시작되던 시절이라 지금은 옛날이야기가 된 전화 모뎀 연결 방식으로 접속이 이루어졌다.

수입된 장비는 내용 분석과 동시에 폐기 처분하였다. 새로운 장비를 계속 수입했다. 나는 장비에는 투자를 아끼지 않는 편이다. 장비가 기술을 낳는다는 믿음이 있었다. 내 믿음은 어쩌면 낭비일 수 있을 것이다. 그러나 나는 그 또한 투자라고 생각했다.

아낌없이 낭비해도 기술력은 쌓일 것이라는 믿음이 강했다. 새로운 장비의 수입을 계속하면서 분석해 보니 조잡할 정도의 보안 장비도 한두 가지가 아니었다. 그것을 알게 된 것만도 수확이라면 큰 수확이었다. 그 기간 동안 수업료 지불이 참으로 컸다.

이 과정은 이전 직장에서 경험한 유선 회로 설계와 무선 응용 기술이 크게 도움이 되었다. 어렵지 않게 도청의 원리와 기본적인 탐지기법이 내 머릿속에 개념화됐다.

나의 머릿속 회로는 마치 전파를 수신하는 라디오와 같다고 생각했다.

라디오를 듣다가 어느 현대 시인의 시가 몇 줄 다가왔는데, 가슴이 뜨거워졌다. 아직도 잊히지 않는다.

### 트랜지스터 라디오
　　– 김경곤


오래된 궤짝에 트랜지스터 라디오가 오롯이 있다
은둔의 더께를 걷어내니 상처투성이 몸이다
삐걱거리는 사연이 뛰어나올 것 같아
습관처럼 다이얼을 돌려도 주파수가 팽팽하다
아버지의 주파수는 고집이 세다
어머니가, 형이, 동생이, 하나씩 방을 잡고
창자빛 시간을 곱씹고 있었어도
아랫목 아버지 밥주발처럼 꼿꼿했다.

>       (…)
>       다이얼을 돌리자 스틸사진처럼 지나가는 식구들
>       오래된 빗소리가 끓고 있다.

　나의 장비 수입, 그리고 장비를 뜯어 면밀히 살피고 다시 조립과 실험…그 작업이 몇 날 며칠 계속되었다. 도청용 무선 송신기 설치 여부는 광대역 수신기로 확인하고, 설치된 송신기 위치추적은 방향을 탐지할 수 있는 지향성 야기 안테나(일본의 '야기우다'라는 사람이 발명했다는 텔레비전 안테나형)를 채택했다.

　광대역 수신기는 AM, FM 라디오 방송에서부터 산업용 무선통신망, 경찰 치안망, 그리고 도청기 전파 등 매우 넓은 주파수대역에 대하여 모든 신호를 라디오처럼 청취할 수 있는 그 당시 첨단 수신장비이다.

　이제 이런 장비들을 장착할 전용 케이스가 필요했다. 백화점에 갔다. 가방 판매대에서 대형 사이즈의 여행용 캐리어를 찾아냈다. 고객 방문 시 '보안장비'가 다른 사람에게 노출되어 고객이 당황하는 일이 없도록 해야 하기 때문이다. 구입한 가방 앞부분을 적당한 크기로 잘라내고 수신기와 모니터 화면을 장착했다. 전원 코드, 안테나, 케이블 등 액세서리는 가방 안쪽 주머니에 넣었다. 안성맞춤이었다. 그대로 손잡이를 꺼내서 끌고 다니면 됐다.

　그런데 수신기 본체는 가방 속에 넣어 문제가 없었지만, 가방 앞부분으로 모니터용 화면과 수신기 다이얼이 보이는 것이 거슬렸다. 가방 덮개가 필요했다. 다시 남대문 시장을 찾았다. 국방색

**장비가방** – 여행용 가방을 가공하여 제작한 보안장비 제1호

텐트용 천으로 주름이 있는 커버를 만들어 덮었다. 완벽했다.
  무선 도청기와 유사한 송신장치도 만들었다. 그 송신기를 사무실 구석에 감추고 찾아보기로 했다. 실전에 대비한 실험이었다. 그런데 예상과 달리 방향 탐지용 좌표 설정이 불안정했다. 나중에 분석해 보니 송신기 성능에 비해 수신기 감도가 너무 높았다. 그 때문에 위치추적을 위한 수신 레벨에 변화가 없었던 것이다.
  수신감도를 최소로 조절했다. 안테나 길이에도 변화를 줄 수 있도록 다시 만들었다. 주파수와 파장의 관계를 간과했던 것이 문제의 핵심이었다. 그 문제를 해결하느라 뜬눈으로 두 번째 아침을 맞았다. 기념으로 사진을 한 컷 찍어 두었다. 사무실에서의 연습은 비교적 잘 진행되었지만, 실전에서 현장 환경을 모른다는 것이 막연한 부담으로 다가왔다.

다음으로 서류가 문제였다. 특히 보안점검을 마친 후 '보고서' 작성안案이 도무지 떠오르지 않았다. 도청 장치를 찾아내는 경우는 문제가 되지 않았다. 발견된 장치를 분석하여 주파수, 전파 도달거리, 설치 추정 시점 등을 리포트로 작성하면 될 일이었다.

문제는 아무것도 발견되지 않았을 경우였다. 대기업 회장실, 장관실에 맨손으로 "아무 이상 없습니다."라고 해서 될 일이 아니었기 때문이다.

과학적 근거를 뒷받침하는 보고서 디자인에 들어갔다. 여러 안을 검토한 끝에 고객 측 입장에서도 설득이 될 만한 자료를 도출해 냈다. 송신기가 작동할 때와 하지 않을 때의 실내 전파 스펙트럼을 비교하여, 데이터로 첨부하면 됐다. 문서 작업도 여러 차례 수정한 후에 완성했다.

가슴이 펴지며 숨이 넓고 깊어졌다.

# 산업스파이 잡아줍니다

이제 영업이 남았다. 사실상 가장 중요한 것이었다. 앞서 호텔 구상에서 작성한 보도자료를 각 언론사에 보냈다. 조마조마하게 기다리는 날들이 이어졌다. 전화벨 소리만 들리면 '혹시 기자?' 하는 생각으로 뛰어가서 큰소리로 받았다.

보도 자료를 통한 기사화를 목표로 했던 것은 보안업무의 특성상 먼저 찾아가서 상담할 사항이 아니라는 조심스러운 판단 때문이었다. 당시에도 '도청 보안' 업무는 기업체 최고위층 일부만 관심을 가지는 정도였다. 그만큼 보안 의식이 희박하기도 했지만, 지금도 마찬가지로 자신 이외의 다른 사람에게 꺼내 놓고 상의할 일이 아니기 때문이다. 그런 사정으로 VIP 최측근에서 극비리에 처리하는 것이 관례다. 지금 생각하면 그때의 영업 전략은 그러한 분위기와 다행스럽게 맞아떨어졌다.

얼마 지나지 않아 <서울경제신문>에서 인터뷰 요청이 들어왔다. 가슴이 뛰었다. 막상 인터뷰 일정을 잡고 보니 일이 손에 잡히지 않았다. '혹시나'가 현실로 다가왔고 나는 그 현실을 붙잡아야 했다. 사실 '편집국'으로 보내야 할 보도 자료를 '제작보도국 앞'이라는, 있지도 않은 부서로 보낼 만큼 나는 초보였다.

기자는 내게 많은 질문을 했다. '도청신호'를 탐지하는 기술의 원리, 정확도, 1회 탐지 의뢰 시 소요 시간 및 비용 등이었다. 까다로운 질문은 계속됐다. 정부 과천청사 인근 커피숍에서 만난 기자와의 인터뷰에서 나는 진땀을 흘렸다. 사실 언론사와의 인터뷰는 처음이었다.

본사 사진부에 가서 사진도 찍었다. 본사에서 평기자로 보이는 사람이 나를 안내했다. 안내 도중 그가 어떤 사람을 보고 "김 부장, 지금 회의실 비었어요?" 하고 물었다. 뒤따르던 나는 내심 깜짝 놀랐다. 기자들 세계에서는 평기자가 부장기자에게도 '님'이라는 호칭을 붙이지 않는다는 사실을 그때 알았다.

그 후 내 기사가 언론에 퍼뜨려지기 시작했다.

"산업스파이 잡아줍니다!"

첫눈에 보아도 생소했던 기사 제목은 당시 도청방지 대책에 골머리를 앓던 고객층의 관심을 끌었다. 그때만 해도 비밀 유출에 대한 심증만을 가지고 있을 때였다. 보도자료를 보냈을 때와는 또 다른 기다림으로 보내는 시간들이었다.

서울경제신문기사 - [산업스파이, 잡아줍니다] 첫 기사

첫 고객은 금융권 사장실이었다. 떨리는 마음으로 상담을 하면서 사장 집무실 내부와 접견실, 비서실 등을 살펴보았다. 건물 내 전화교환기까지 파악하고 돌아와서는 하루 종일 전파탐지 연습을 하였다. 견적서도 제출했다. 산출 근거는 대상 구역의 면적과 전화기 수량을 기준으로 하였다. 약 100평에 8대의 전화기가 있었다. 한 평당 1만 원에 전화기 한 대당 3만 원 합계 124만 원의 금액이 제시되었다. 그 견적은 그대로 수용되었다. 물론 사업 초기 호텔 구상에서 만들어진 내용이다. 이 기준은 지금도 보안업계에서 기본 산출자료로 적용하고 있다.

'이렇게 준비하여 주십시오.'라는 안내문도 첨부했다. 그 안내문에는 보안점검 계획과 일정에 대해 철저히 비밀을 유지할 것, 현장에는 최소한의 입회인만 허용할 것, 야간작업이므로 전원공급 신청을 미리 해둘 것, 대상 구역 열쇠를 확보해 둘 것 등을 당부하는 내용이었다. 보안 유지가 안 돼 점검 일정이 새 나간다면 작업은 하나 마나였기 때문이다.

다음날, 나의 보안장비가 드디어 첫선을 보였다. 현장에 도착해서는 그동안 연구하고 연습했던 내 모든 기량을 펼쳐나갔다. 먼저 안테나를 조립하여 장비에 연결하고 수신 장비의 전원을 넣었다. 잠시 후 집무실을 투과하는 모든 주파수가 장비 화면에 막대 그래프처럼 뾰족뾰족 떠올랐다. 해당 지점의 전파 스펙트럼이었다. 하나씩 찾아 분석하여 나갔다. 온 신경을 전파수신 장비로 집중시켰다. 땀을 흘리며 작업해 나갔다. 정수리에서 뺨으로,

뺨에서 목으로 땀이 비 오듯 흘러내렸다.

적막이 흘렀다. 가슴을 졸인 사람은 입회인도 마찬가지였다. 모든 전화기의 수화기를 내려놓고 혹시나 있을지도 모를 전화도청 여부에 대한 점검도 이루어졌다. 전화도청은 통화가 이루어질 때만 전파를 발신하는 특성이 있으므로 수화기는 통화 중 상태인 것처럼 반드시 내려놓아야 한다.

약 세 시간 동안 사무실 전 구역에 대한 보안점검을 마쳤다. 조사 결과는 '이상 무無'였다. 입회한 비서실장에게 결과에 대한 1차 설명이 이어졌다. 실장은 안도하며 내게 악수를 청했다.

그리고 조만간 주요 임원실로 대상 구역을 확대하겠다는 뜻을 표했다. 작업 과정을 직접 보니 안심할 수 있겠다고 했다. 아마도 땀 흘리며 열심히 작업하는 모습이 상대에게 신뢰를 주었던 모양이다. 서면 보고서는 다음 날 제출하기로 했다. 그렇게 보안사업 제1호 고객에 대한 서비스를 마쳤다. 마치 긴 꿈을 꾸는 듯했다.

두 번째 고객은 5대 그룹 회장실 중 한 곳이었다. 훗날 총리를 지낸 인사가 세 번째 고객으로 의뢰해 왔다. 이렇게 해서 내가 만든 길 '통신보안' 사업은 본궤도에 오를 준비에 박차를 가할 수 있었다. 무엇보다 시장의 반응을 확인한 것이었고 고객은 만족해 했다.

나는 아무도 가지 않은 새로운 직업 세계를 만들었다는 자부심에, 그리고 고객 기밀을 지킨다는 보람으로 가슴이 벅차올랐다. 힘이 솟았다. 수십 군데에서 보안점검 의뢰가 밀려들었다. 그때부터는 혼자 해서 될 상황이 아니었다. 무선통신을 배우겠다며 서울로 올라와서 만난 고교 시절 친구에게 도움을 청했다. 같은 취미로 시작해 가까이 지내 온 그 친구도 무선전파에 관한 한 박사급이었다. 그렇게 전문 인력 한 명이 충원됐다.

# 문익점 선생이 되어 돌아왔다는 이야기는 절대 아니다

하지만 기쁨도 잠시였다. 일사천리로 나갈 것 같았던 보안사업의 길 곳곳에 암초가 도사리고 있었다.

대형빌딩들은 소규모 전화국을 방불케 하는 구내 교환기, 전송 장비, 광통신 단국장치 등의 통신설비를 갖추고 있어 유선 통신망 전체를 이해하지 못하면 대단위 통신설비에는 보안점검을 위한 접근을 할 수 없다. 한 가지라도 실수하면 기간 통신망 전체가 마비되는 대형사고로 이어질 수도 있기 때문이었다.

사실 서울 시내 각 지역이나 건물마다 전파환경이 서로 다르고, 도입된 통신 시설이 각양각색이다. 이런 통신설비까지는 전화국 설비용 장비 회로 설계를 한 경험이 있기에 별문제는 없을 것이었다.

그러나 새로운 기술을 채용한 신종 도청 장치가 출현하면서 우리가 보유한 장비의 성능에 대한 회의감이 들었다. 갑자기 눈앞이 캄캄했다.

기본적인 도청기를 찾아내는 보안업무는 가능했지만, 어떤 기술의 신종 장치가 유입되어 사용되고 있을지 판단이 서지 않았다. 완전하지 않을지도 모를 일을 계속 추진할 수는 없었다. 성능 보강이 이루어지기 전까지 고객으로부터 더 이상의 의뢰를 받지 않기로 했다.

그런데 문제는 국내에서는 벤치마킹한다거나 신기술에 대한 정보를 수집하기가 어렵다는 것이었다.

1997년 9월 초, 고심 끝에 그동안 여러 종의 실험용 보안장비를 구매하며 교류하던 뉴욕 소재 G 사를 방문했다. 해외의 경우 한 회사가 도청(공격)장비와 방지 장비를 취급하면서 서로 다른 법인으로 분리하여 영업하는 곳이 적지 않은데 그 회사도 그랬다. 1960년대부터 보안사업을 시작했다는 이 회사는 관련 정보에 목마르던 내게 힘이 되어줄 수 있는 커다란 매력을 가지고 있었다.

입구에 도착해 데스크에서 대리점 계약 의사를 밝히고 출입통제가 엄격한 전시 룸으로 안내됐다. 각국의 정보기관에서 사용하고 있다는 여러 유형의 도청장치와 방지장치들을 둘러보았다. 국내에서 접하지 못한 장비들을 보면서 눈이 휘둥그레졌고,

그 눈치를 주지 않으려 입술을 깨물었다. 얼마나 열심히 보고 들었는지 소개하는 장비를 모조리 머릿속에 담았다. 그림으로 선명하게 남길 작정이었다. 지금도 그때의 장비를 떠올리면 사진으로 그릴 수 있을만큼 이미지가 생생하다.

이틀간의 프레젠테이션이 끝나고 시내 다른 보안회사를 찾아갔다. 현지의 지인과 함께 뉴욕에 거주하는 고객으로 가장하여 탐지 방법, 기능, 가격 등을 타진해 보았다. 예상했던 대로 탐지기술은 만만치 않았다. 상대방의 경계도 대단했다. 뉴욕에서도 '통신보안' 업무는 민감하고 은밀히 이루어지는 것 같았다. 그들은 우리를 도청 고민을 상담하는 고객이 아니라 그들과 같은 업무를 하는 경쟁상대로 보았다.

들어갈 때 잠시 보았던 장비를 다시 보려 했으나 어느새 진열장은 모두 덮여 있었다. 내쫓기듯 떠밀려 나왔다. 영업 스파이에 대한 당연한 처사였다. 입구에서 보았던 장비의 형태만 머리 한쪽에 담아 두었다.

귀국하는 길에 일본에 들렀다. 도쿄의 아키하바라였다. 그곳은 서울의 청계천에 해당하는 상가였다. 우리나라는 '도청'에 대한 법적 규제가 매우 강력하다. 물론 커다란 도청 파문으로 일찌감치 사회적 갈등을 겪으면서 비롯된 것이기는 하다. 국내에서 도청기는 제조, 판매, 사용, 광고, 이동 등 일체의 행위를 할 수 없도록 하고 있다. 다시 말해 도청기란 한국 영토 내에 있어서는 안 되는, 있을 수도 없는 불법 장치로 여기고 있다. 통신비밀보호법과 전파법에서 아예 그렇게 규정하고 있다.

일본에서는 도청기가 불법 장비가 아니다. 다만 도청 행위에도 무단 가택침입 등 별도의 처벌 조항만을 두고 있다. 그래도 우리나라에서처럼 커다란 도청 파문이 있었다는 이야기는 들어보지 못했다. 불법이 아닌 만큼 구입하기도 쉽다. 아키하바라 상가에는 전화도청기, 대화도청기, 초소형 카메라 상점이 널려 있다. 시내 곳곳을 누비며 제3자의 도청 신호를 엿듣고 즐기는 마니아들도 많다고 한다. 진열대 위 내 관심을 유발하는 장비가 눈에 쏙쏙 들어왔다. 그곳에서 팔리고 있는 보안장비와 시장을 훑어보며 필요한 부품을 사가지고 왔다.

밤을 새우는 일이 다시 이어졌다. 출장 중에 꼼꼼히 메모해온 것은 물론 그쪽 사람이 잠시 자리를 비울 때 챙겨놓은 별도의 귀중한자료도 잊지 않고 꺼냈다. 한국 대리점을 하겠다고 건너갔지만, 생각은 잿밥에만 있었다. 그렇다고 고려 말 붓 뚜껑에 목화씨를 몰래 들여왔다던 문익점 선생이 되어 돌아왔다는 이야기는 절대 아니다.

십여 일 동안 현지에서 보고 들었던 모든 기억을 복원했다. 한눈에 담아와 옮겨 적는 방법은 이전 군 생활 때에도 한 번 써먹은 나만의 고급 암기기법이었다. 그렇게 하여 1차적인 기능 디자인, 설계, 제작 준비는 마쳤다. 비로소 마음이 놓였고 긴장이 풀렸다.

우리나라는 도청이 불법으로 강하게 규제하고 있지만 여전히 도청이 활개를 치고 있다. 이는 인간의 그릇된 욕망에서 비롯된 것으로 생각한다.

나는 더욱 투명하고 진실한 사회가 아름답다는 생각이었고, 나의 취미와 나의 특기가 그 일에 조금이나마 이바지하게 된다면 좋겠다는 생각뿐이었다.

논어論語 이인편里仁篇에 이런 말이 나온다.

'君子는 喻於義하고 小人은 喻於利니라'
- 군자는 의로움, 의리에 밝고, 소인은 이로움, 잇속에 밝다.

어떤 일에 대해 군자는 의로움을 먼저 생각하고 소인은 잇속을 생각한다는 뜻이다. 의로움을 추구하는 것은 우리 사회를 아름답게 꾸미겠다는 의지이고, 이로움을 추구하는 것은 잘못된 욕망, 욕심에서 나온 것이다.

내가 잇속보다 의리에 밝다는 것은 아니다. 보안전문가로서 공자가 말하는 의미의 군자 입장에 서겠다는 의지를 늘 다짐한다는 것이다.

# 단군 이래 최초의 보안점검

다시 영업활동을 시작했다. 그즈음 정보기관에서 주최하는 산업보안 워크숍에 전문가 자격으로 초빙됐다. 그 강연은 대기업 보안 담당자들을 만날 기회를 만들어 주었다. 모든 준비를 마쳤기 때문이었을까.

1998년 10월. 그때부터 산업스파이에 의한 기업 비밀 유출 사건과 도청에 의한 사생활 침해사고가 연이어 터졌다. 도청 논란이 정치권까지 확산하면서 사회 분위기는 급속히 얼어붙고 있었다. 언론에서는 연일 대서특필하였고, 도청사례가 봇물 터지듯 터져 나왔다.

급기야 행정자치부, 정보통신부, 국가정보원에서 신문 하단에 대문짝만한 광고를 내기에 이르렀다. 내용인즉슨 '국민 여러분 안심하십시오.'였다. 그래도 파문은 쉽사리 가라앉지 않았다. 결국, 대통령까지 직접 나서 '도청행위자를 엄단하라'는 지시가 내려졌다.

여기저기에서 보안점검 의뢰가 밀려들었다. 때마침 제작된 신형 보안장비도 함께 바빠졌다. 보안점검은 의뢰 주체의 일과 후 전 직원이 퇴근한 시간에 이루어졌다. 매일 저녁 2, 3건을 처리하고, 일정이 맞지 않는 고객은 새벽 시간대에 처리할 수밖에 없었다.

보안사업을 시작하고 그렇게 바빴던 것도 처음이었다. 우리 사회가 그토록 깊은 불신의 늪에 빠졌다는 사실도 그때 알았다. 의뢰 고객 100건 중 6, 7건에서 도청장치가 발견됐다. 모든 고객이 창업 이후 처음으로 실시하는 보안점검이었다. 사정이 그러하다 보니 발견되는 유형도 제각각이었다. 수년 전 설치되어 이미 녹이 슬고 고장 난 장치에서부터, 멀쩡하게 작동하는 발신기에 이르기까지 정말 다양했다.

이른바, 단군 이래 최초로 전화 단자함 대청소가 시행되었던 셈이다. 강북의 어느 아파트에서는 용의자가 1층 단자함에 도청기를 몰래 설치하고, 자물쇠를 본인이 직접 관리하는 웃지 못할 일도 있었다. 피해자는 이러한 사실을 알지 못한 채, 전화 통화를 할 때마다 고스란히 도청되는 어이없는 상황이 계속되고 있었다.

30대 그룹 내의 어느 기업 총수는, 집무실에서 나누는 대화가 외부로 유출되고 있음을 직감했다. 그 시각부터 도청장치를 제거하기 전까지 집무실에서 대화를 자제했다. 업무지시는 사안에 따라 필담으로 이루어지는 살벌한 풍경을 연출하기도 했다.

노사 양측에서 서로 다른 입장의 의뢰를 거의 동시에 받은 일도 있다. 결과는 양측에서 서로에게 도청용 발신기, 감시용 초소형 카메라를 설치해 놓은 것으로 나타났다. 기가 막힌 경우였다.

일을 마치고 사무실로 들어오면 어김없이 기자들이 진을 치고 있었다. 그만큼 도청 관련 뉴스가 비중 있게 보도됐다. 기다리고 있는 사람들은 기자들만이 아니었다. 도청사건 수사를 하려는 형사들 또한, 도청정보를 얻기 위해 회사 근처에서 살다시피 했다. 정보만 주면 은혜를 잊지 않겠다며 내 주변을 맴돌았다.

# 총리도 불안해

한창 바쁠 때였다. 어느 정부 들어 상담 전화를 한 통 받았다. 누군지 제대로 밝히지도 않고 무조건 만나서 이야기를 하자는 것이었다.

보안업무에 종사하는 관계로 비교적 번호보안 유지를 하고 있었기 때문에 고객 또는 지인을 통한 경로로 전화를 한 듯했다. 광화문 약속 장소에 나갔더니 장소를 옮기자는 전화가 걸려왔다.

만나서는 곧바로 조그만 벤치가 있는 인근 야외장소로 옮겨 앉았고 거기에서 인사를 나누게 됐다.

내가 명함을 내밀자 상대도 무언가 건네주었다. 상대가 내민 것은 엉뚱하게도 명함이 아닌 자신의 휴대전화 번호와 이름이 적힌 어느 호텔의 메모지였다. 그 후에 상담이 시작되었고 경계심을 늦추지 않은 채 서로의 탐색전이 이어졌다.

보안 구역에 대한 설명을 들으면서 얼핏 사정기관의 장長인

줄 알았다.

그러나 서로가 경계를 풀고 본격적인 보안 상담에 들어서면서 현직 국무총리실임을 실토했다.

실내구조는 이렇고 출입 관계는 저렇고 전화회선은 또 이렇고 삼청동 공관은 어떻고 하면서 구체적인 공간 구성과 보안측정 대상을 이야기해 주었다. 체계적인 보안측정을 위한 질문과 답변이 이어졌다.

장시간의 상담을 마친 후 보안측정 당일, 청사 근처의 민간 유료 주차장에 주차하니 약속된 시간에 안내자가 도착했다. 먼저 극비리에 추진하는 작업의 성격상 근거를 남기지 않는 출입이 문제였는데 그것은 별도로 준비된 공무차량과 출입증으로 무사히 통과할 수 있었다.

그런 후 집무실, 접견실, 회의실 등의 커튼을 드리우고 고요한 적막 속 긴장을 늦추지 못한 가운데 수 시간 동안 땀이 뒤범벅되면서, 전 구역에 대한 보안점검을 마치고 아무 일도 없었다는 듯 뒷문을 통해 철수하였다.

그러나 그 업무를 수행하면서도 도대체 누가 적敵인지 모르는 상황에서의 부담감은 기업체의 그것과 비교할 수 없었다.

불안 아니 불신의 끝은 어디인가?

# 떨고 있는 인사들

아마 한국 사회에서 영향력 있는 VIP 중 도청에 관한 한 자유로울 수 있는 사람은 거의 없다고 본다.

그런데 자유롭다는 것이 그냥 마음 편한 정도를 이야기하는 것이 아니다. 사실은 집무실에서 말 한마디 제대로 못 하는 지경에 있는 경우를 정말 많이 보아왔다.

업무 외 사항에 관한 것이나 중요통화는 사무실의 유선전화조차 마음 놓고 쓰지 못한다. 일단 생각해보고 사용한다. 꼭 안심이 되지는 않지만 그래도 조금 나을지 모른다는 막연한 기대감에 휴대폰을 이용하고 있다.

그러나 그 휴대폰도 타인 명의로 최소한 2-3개는 가지고 있다. 책상 아래 놓인 여러 개의 충전기가 이를 말해주고 있다. 수시로 번호를 바꾸기도 한다.

그런 한편으로 전혀 새로운 심각한 문제가 발생하게 되는데 누군가에 의하여 철저히 감시를 당하고 노출되는 과정에서 원래의 도청 목적과는 별개로 개인의 사생활까지 적나라하게 노출된다는 것이다.

실제로 많은 정치인과 기업인 고객들의 경우 이 부분에 대한 우려를 떨쳐 버리지 못하는 예가 많다.

한편 ＊＊사건으로 시끄러워졌을 때 당시 대검 ＊＊부장이었던 모 인사가 ＊＊사장에게 별도의 휴대폰을 건네주고 통화를 해온 사실이 알려지면서 그 위치에서 그렇게 할 정도라면 뭔가 있기는 있는 모양이라는 추측을 불러일으키기에 충분하였고 한참 논란이 되고 있던 휴대폰 도청 가능 여부에 대하여 많은 세인들의 불안감이 증폭됐다.

# 잠자는 도청기, 도청도 듣고 싶을 때 듣습니다

"저…. 사실은 제가 김 과장이 아니고 박 부장입니다".

약속 장소에서 모 인사와 첫 만남은 이렇게 시작됐다.

재계 서열 30위 이내의 F그룹 회장은 도무지 불안해서 집무실 내에서는 좀처럼 말을 하고 대화를 할 수가 없다는 것이었다. 될 수 있는 대로 대화를 줄이거나 아니면 비서실 밖으로 직접 나와서 간단한 지시를 한다는 것이다.

이렇게까지 된 데에는 그만한 이유가 있다. 최근 들어 회사기밀이 새어나가고 있음을 직감했단다. 단둘이 집무실에서 나눈 대화 내용이 돌고 돌아 다시 들려오는 것이 '도청' 외에는 있을 수 없는 일이라고 믿었다.

그러다 보니 상담 의뢰를 위한 전화 통화에서조차 본인의 실명을 밝힐 수 없었노라고 양해를 구해 왔다.

곧바로 회장실 구역의 출입을 봉쇄하고 당일 밤늦은 12시에 정밀 보안점검이 시작됐다.

유선전화 내부, 선로, 책상, 의자, 소파 등 전 구역에 대한 조사가 이루어졌다. 먼저 유선 선로를 분석하고 무선주파수를 탐지하기 위한 스펙트럼을 모니터링했다. 혹시 원격지에서 리모트 조작을 하거나 타임 설정이 되어 있는 장치로 그 시간대에는 '스탠바이' 하고 있을지도 모르는 일이어서, 듣고 싶을 때 듣는 '잠자는 도청기(?)' 탐지 작업도 병행했다.

수 시간 동안 측정 작업이 이어졌다. 별 이상이 감지되지 않았다. 그런데, 가장 나중에 실시한 천장 구역에서 이상 징후가 나타났다. 천장 가까이 탐지장치 프로브를 가져가니 탐지 그래프가 요동쳤다. 잠자는 도청기였다.

천장에 소형 무선 발신기가 작동하지 않는 상태로 발견된 것이었다. 확인 결과 극초단파 주파수대의 도청장치로 이미 배터리 소모가 끝나 완전히 방전된 상태였다. 송신회로 구성으로 보아 약 20일 정도 사용된 것으로 추정됐다. 전파 도달거리는 약 300m 정도로, 인근에서 수신했을 것으로 보였다. 도청장치는 실내장식 천장의 턱 위쪽에 던져진 듯 놓여져 있었다.

그때 입회했던 담당자의 놀라움과 안도하는 얼굴이 지금도 잊히지 않는다.

대기업 회장실에는 대개 별도의 VIP 식당과 바Bar를 포함한 연회실이 잘 갖추어져 있는데 이곳 역시 도청 공격을 위한 주요 표적으로 보안 관리되고 있다. 어느 한 곳 편한 자리는 없고 온통 가시방석인 셈이다.

많은 기업체 비서실 담당자와 이야기를 나누면서 알게 된 도청의 대상들은 다양하고 다층적이다. 산업스파이뿐이 아니라, 노조, 임원 등은 기본이고 정보기관, 수사기관 등에서도 불법 도청이 이뤄지고 있다는 것이었다.

지금은 나아진 편이라고 하지만 당시에는 정말 각계각층이 서로 감시의 대상이 되는 셈이었다. 서로가 서로를 믿을 수 없는 시대였다. 불신은 불신을 낳는 이 시대를 훗날 역사는 어떻게 평가할까.

# 첫 만남은 가짜명함으로

보안업무의 특성이 그러하겠지만 누구를 막론하고 처음 자신을 소개할 때는 어색하고 조심스럽다. 발신자 미확인으로 상담 전화가 걸려올 때도 많다.

사정이 그러하다 보니 상담 전화를 받을 때도 굳이 상대방이 어디인지 묻지 않는 대고객 서비스(?)를 하고 있다.

첫 만남은 가짜명함으로 시작하기도 하고 약속 장소를 이리저리 옮기는 것도 그리 낯설지 않다. 심지어는 수차례 자세하고도 치밀한 상담을 마친 후 정작 방문 장소에 대하여는 밝히지 않은 채 보안측정 당일 약속 시각에 '퇴계로' 입구에 진입하면서 전화를 하면 그때 안내를 하겠노라고 주문하는 철저한 고객도 있다.

거의 모든 경우 회사에서 실무자 혼자 주위 동료들 눈치 보아가며 보안업무를 은밀히 추진하기도 하는데, 한편으로는 보안업무의 특성을 너무 잘 알아주어 차라리 정겹기까지 하다. 동병상련의 기분이 든다고 할까.

# 오사마 빈라덴과의 악연

보안점검 활동이 언론을 통하여 알려지면서 고객이 점차 늘어갔다. 하지만 고객의 의뢰가 있을 때만 출장을 나가는 1회성 보안점검 활동이 한계를 드러냈다. 보안점검이 1회성으로 이루어지다 보니 결과는 조사 당일에만 유효하게 됐다. 상대측도 보안점검이 이루어진다는 정보를 입수하여 미리 대비할 수 있기 때문이다. 도청장치는 필요할 때 수시로 탈·부착할 수 있으므로, 조사 직전에 철수하였다가 이튿날 다시 설치할 수도 있다.

고객의 보안 유지에 차질을 빚는 것은 있을 수 없는 일이었다. 보안 사각의 가능성이 현실로 나타나면서 365일 내내 도청방지를 할 수 있는 신장비 개발이 다급하게 됐다.

새로운 장비는 도청기가 작동하거나 누군가 전화선에 도청하려는 시도가 감지되면, 그 신호를 실시간으로 중앙 관제센터에 보내주는 네트워크형으로 구상했다. 이상 징후 발생 시 관제실로 통보하는 전송 기술과 프로그램 개발이 당장 현안으로 떠올랐다.

그러나 당시로서는 감당하기 어려운 프로젝트였다. 그때까지는 도청 여부에 대해 감지만 하였기 때문에 장비가 비교적 단순했던 셈이다. 요즘이야 인터넷으로 데이터 전송을 하지만 그때는 전화 교환망을 통한 관제시스템이었다.

그럴수록 오기가 더 생겼다. 나는 내 일뿐 아니라 내 삶에 대해서도 안주하는 것을 극도로 싫어하는 편이다.

나는 배우 제임스 고든이 자신에게 한 말에 동감한다. 그는 변화에 대해 늘 준비하고 대처해 와서 성공에 이른 사람이다.

> – 어떤 사람들만 의지가 있고 다른 사람들은 의지가 없는 게 아니다. 변화할 준비가 된 사람과 그렇지 않은 사람이 있을 뿐이다.

그의 말처럼 나는 늘 변화할 준비가 돼 있다. 내 직업 특성 때문만이 아니라, 내 삶의 항로에 대해서도 그렇다.

전화망 네트워크 형태로 이상 신호를 전송하려면 유선회로 설계 기술이 필요했다. 6개월 계획으로 개발에 착수했다. 최신 도청 기술의 파악을 위해 런던에 소재한 세계적인 보안업체에도 다녀왔다.

낮에는 개발하고 밤에는 보안점검을 하는 이중생활이 계속됐다. 회로 설계는 기대한 것처럼 되지 않았다. 어렵게 한 가지를 해결하면 다음 문제가 또 나타났다. 쉬운 일이 있을 리 없었다. 실험 실패와 좌절이 반복됐다.

그럴 때마다 장비의 윤곽은 조금씩 더 드러나 보이는 듯했다. 힘을 얻어 다시 일어나기를 수십 번. 계획보다 두 배의 기간이 소요되어 정확히 1년이 지난 2001년 12월, 신장비는 제 모습을 선보였다. 그동안 가상현실을 만들어 테스트하느라 무던히도 애를 썼다. 초창기 탐지장비 개발을 끝냈을 때와는 비교할 수 없는 뿌듯한 보람과 자신감이 생겼다.

이 모델로 벤처기업 인증도 받았다. 그런데 뜻밖에도 정보통신부에서 난색을 표해왔다. 관련법에 형식 승인을 하여 주지 말라는 규정은 없었으나, 사회적으로 매우 민감한 분야인 데다 처음 접해 보는 장비를 승인하여 주는 게 부담스러웠던 것 같다. 우여곡절 끝에 인증을 받아내고 해외인증에 나섰다.

ASEM 서울총회 때 보안업무 관계로 입국하여, 신장비 개발 계획을 듣고 기다리던 호주 바이어는 자신들의 비용으로 승인을 받아냈다. 6개월여에 걸친 까다로운 테스트를 통과한 뒤였다. 그들 역시 새로운 보안사업을 위하여 적지 않은 투자를 했다. 법인 설립을 마치고 시드니, 퍼스 등 대도시에서 전시회를 여러 차례 가졌다. 시드니 전시회에서는 출품된 우리 보안장비가 기술 혁신 부문과 호감도 조사에서 2위를 차지했다. 의욕적으로 나선 그들은 CIA 홍콩지부장을 스카우트하는 등 전문 인력도 보강했다.

나는 시드니 현지에서 1차 주문 수량으로 관제용 장비와 보안장비 150대 규모의 오더를 받았다. 시장의 반응도 좋았고 우리 제품의 성능도 안정궤도에 올랐다. 모든 일이 순조롭게 진행되고 있었다.

그러던 어느 날, 제품 출하 직전에 나와는 전혀 관계가 없을 남의 나라 뉴스가 전해지면서 우리가 개발한 장비의 수입이 돌연 금지됐다. 알카에다 테러리스트들이 호주에 잠입했다는 뉴스였다. 호주 정부는 우리 장비에 대한 성능을 전혀 다른 측면에서 소극적으로 해석했다. 테러리스트들에게 우리 장비가 넘어간다면 수사에 방해가 될 것이라는 어이없는 결론이었다.

기가 찰 노릇이었다. 황당한 것은 나뿐만이 아니었다. 그간 시장에 공을 들여온 바이어는 더욱 그랬다. 그들은 변호사를 고용하여 정부와의 힘겨운 소송에 들어갔지만, 결과는 마찬가지였다. 역시 쉬운 일은 없었다. 오사마 빈 라덴이 나의 삶에도 이렇게 연결되다니…. 나는 허탈했다.

그렇게 달려오는 동안 국내 보안 시장도 참으로 많이 변했다. 후발업체가 우후죽순으로 생겨났다. 고객 입장에서는 파트너 선택의 폭을 넓힐 수 있었다. 나로서는 장비개발에 매달려 영업에 전력을 다하지 못한 시점이었다. 그러나 다행히 고객들도 1회성 점검의 한계를 절감하고 365일 상시감시시스템 구축을 원하고 있었다.

새로운 장비의 도입으로 보안 관리체계가 혁신적으로 바뀌었다. 주요 보안 구역에서 일어나는 사고가 실시간으로 접수되었고, 즉각 조치를 취하여 기밀 유출에 따른 피해를 사전에 방지할 수 있었다. 이런 나만의 관리 기법으로 고객들의 과학 장비에 대한 신뢰는 한층 더 높아졌다.

# 내 귀에 도청장치

나는 당시 정부기관, 대기업 및 특정 VIP 외 개인 고객을 대상으로는 영업을 하지 않고 있었다. 그러는 중에 가끔 "그러면 나 같은 일반 시민은 어쩌란 말이냐"하며 호소를 하는 분도 있었다. 그분들 몇 사람을 만나 보았다. 그런데 그들은 하나같이 이전에 도청피해를 본 경험이 있다거나 혹은 도청에 대한 불안으로 히스테릭한 상황에 처해 있는 것으로 보였다.

그들은 일단 마주 앉으면 눈빛부터 다르다는 것을 한눈에 알 수 있다. 사례를 몇 가지 소개해 본다.

수도권의 한 개인병원 의사는 주변에서 끈질기게 자기를 미행하고 도청하고 더러는 폭행도 하는 환자가 있다고 했다. 오래 전부터 지긋지긋하게 시달리고 있다며 내게 찾아와 상담을 청했다. 그는 점퍼 속에 방탄복을 착용하고 있었다.

"아니, 방탄복은 왜 입고 다니십니까?"

내가 놀라워 물어봤다.

"이제는 도저히 참을 수도 없고 버틸 힘도 없어 모두 포기했어요. 그냥 있다가는 아무래도 제 명을 다 살지 못할 것 같아 남대문 시장 군용품 상점에서 구입하여 외출을 할 때면 꼭 입고 다닙니다."

그가 털어놓았다. 이야기를 더 들어보니 예전에 작은 의료사고가 있었는데 그때부터 피 말리는 일이 시작됐다고 한다.

왜 경찰에 신고하지 않느냐고 했더니 증거확보가 어려운 등 나름의 문제가 있다고도 했다.

다른 직업도 아닌 의사가 그렇게 도청 공포에 떨고 있다는 사실에 놀라울 뿐이었다.

지방에 사는 어느 신혼부부는 상당 기간 도청을 당해 오고 있다며 이미 몇 가지 종류의 간이형 탐지장비를 인터넷 사이트에서 찾아 보유하고 있는 등 상당한 지식을 가지고 있을 정도였는데 그 말을 들어보면 이렇다.

이전에 개인적인 사유로 도청을 당한 적이 있었는데(그때는 사실 확인이 되었다고 함) 한동안 아무 일 없다가 언제부터인가 다시 시작되었다는 것이다.

그런데 도청징후가 있을 때 욕설을 퍼붓고 하면 그 순간은 잠잠해지는 것으로 보아 상대는 원격 조작형을 설치해 놓았을 것으로 믿고 있었다.

그러다 보니 맞벌이 부부인 이들은 도청 노이로제로 인하여 새로운 버릇이 생겼는데 저녁 시간 남편이 퇴근 후 단란한 시간에 부근에서 조금이라도 바스락거리는 소리가 나거나 이상한 분위기로 감(?)이 잡히면 방안의 천장과 벽을 향해 부부가 함께 소리를 지르면서 욕설을 해댄다는 것이다.

한번은 걸려 온 전화 속의 다급한 목소리에 상담을 했더니 벌써 5일째 외출을 못 하고 있다는 것이었다. 쌀은 이미 3일 전에 떨어졌고 이제는 그나마 라면도 동이 나 꼼짝없이 굶게 생겼는데 집을 비우고 나가려니 누군가 도청기나 카메라를 하나 더 설치할 수도 있다. 아니면 신고를 우려해 철수를 할지 몰라 보안회사에서 찾아 제거를 해주기 전에는 한 발자국도 나갈 수가 없다는 것이었다.

너무 어이가 없어 직접 찾아가 보았더니 온 집안에 각종 센서 등 경보기가 설치되어 있었고 혹시 좁쌀만한 카메라 렌즈라도 있을까봐 방안 구석구석과 천장, 심지어는 형광등까지 포장용 테이프와 A4 용지로 도배를 해놓았는가 하면 주변 특정인을 지칭하면서 일전 불사할 태세였다.

결코 유쾌하지 않은 이 같은 현실들을 접하면서 씁쓸한 가운데 이 모든 것이 결국 서로 간의 사회적 불신이 심화되면서 가져온 또 하나의 시대적 산물이 아닌가 생각하게 되었다.

이 같은 현실들을 접하면 우울해진다. 이 모든 것이 서로 간의 불신 때문이었다. 공동사회에서 이익사회로 넘어가 버린 현대의 사회체제의 산물이기도 하지만, 그럴수록 공동의 삶에 충실해야 하지 않을까, 이를 무시하고 자신만 잘살겠다고, 남의 인권을 무시하는 행태는 빨리 사라져야 할 풍토다.

# 서로가 서로를 감시하는 사회

고스톱판에서도 '도청' '도촬'이 있다, 경마장 기수들의 동태를 알아내기 위해서도 '도청'은 있다. 기업의 비밀을 빼내는 일이나 개인의 사생활을 침해하는 등 '도청'은 모두 부정과 비리로 직결된다.

부정 있는 곳에 '도청' 있고 비리 있는 곳에 '도청' 있다?

이 말을 좀 더 구체적으로 해석해 보자.

'부정한 행동을 하는 사람과 비리를 저지르는 사람은 도청을 의식하게 되며 결국은 자신이 먼저 도청을 하게 된다.'라고 풀어도 될 것이다.

혹은 '도청을 이용하여 부정과 비리를 저지를 수도 있다' 라고도 할 수 있다.

그것은 끊임없이 터져 나오는 일련의 게이트들이 비리의 출발과 함께 도청을 잉태하였거나 어떻게든지 관련은 되었던 것으로 보이기 때문이다.

고구마 줄기처럼 따라 올라오는 주인공들을 뉴스에서 보고 있노라면 왜 그리도 낯익은 이름이 많은지... 안타까운 일이지만 그간의 고객들이 줄을 서 있더라는 것이다.

물론 그들은 자신이 도청피해를 보지 않을까 방어적인 자세를 취하기는 했다. 하지만 일부는 역逆으로 도청을 할 방법들을 넌지시 묻기도 했다. 나는 거절했지만, 아마도 자신의 이익을 위해 수단과 방법을 가리지 않았으리라 본다. 결국, 방법을 찾았으리라 생각되는 것이다.

— 친구를 용서하는 것보다 적을 용서하기가 더 쉽다

윌리엄 브레이크의 말이다. 우리 사회가 그만큼 불신으로 가득 차 있다는 방증이다. 배신을 너무 쉽게 하니, 용서라는 것이 의미가 없어졌고, 그저 남의 진실, 비밀을 자신이 유리한 쪽으로 이용하려는 욕망만 남아 있는 사회가 됐다.

# 한국 통신보안 역사에서
# 가장 큰 사건

2005년 7월 21일, 조간신문 헤드라인을 장식한 특종기사가 실렸다.

'안기부 미림팀, 유력인사 불법 도청'

이 기사는 한국 사회에 엄청난 파장을 몰고 왔다. 뒤이어 '안기부 X파일'이라는 후속 기사가 경쟁적으로 보도되면서 사건은 일파만파로 번져나갔다. 그야말로 대한민국이 요동치고 있었다.

현직 대통령 빼고 모두가 도청 대상이었다는 사실에 세상은 경악했다. 청와대 비서실, 실세 장관은 물론 대통령 아들들, 심지어는 불과 며칠 전 퇴임한 국가정보원장에 대한 도청도 이루어졌던 것으로 속속 밝혀졌다. 검찰은 전직 국가정보원장 두 명을 한꺼번에 구속기소 하는 초유의 수사 결과를 내놓았다.

도청이 무엇인지 관심도 없을 일반 국민에게까지 불안을 확산시켰다. 누군가가 나를 엿보고, 나의 말을 엿들을 수도 있다는 것이 현실일지도 모른다고 생각되었다. 그때까지만 해도 도청은 언제까지나 고위급 인사들에게만 벌어지는 일이었다. 영화에서나 도청이 있지, 어찌 일반인들에게까지 도청이 쉽게 일어날 수 있을까, 하는 생각이었으리라.

그런데, 결국 국가기관에 의한 불법 도청사건은 많은 이들의 입을 얼어붙게 했다.

도청 파문은 2, 3년을 주기로 뜨겁게 달아올랐다가 잊히고 했던 해묵은 사회적 이슈들이었다. 'X파일'은 국내 최초로 시작한 당시 나의 보안사업 10여 년, 그리고 한국 통신보안 역사에서 가장 큰 사건이 됐다.

2005년 8월 5일 오전 9시 30분, 국가정보원의 '미림팀 불법도청 X파일' 조사에 대한 중간발표가 있었다. 원장이 직접 발표한 내용 중에는 안기부 시절의 불법 도청 행위뿐 아니라 휴대폰 도청도 기술적으로 가능하고, 일부 제한적인 불법 도청이 있었다는 충격적인 사실이 포함됐다. 물론 전 정부에서 도청팀을 해체하고 장비도 폐기했다는 단서를 달았다.

그동안 국가정보원에서는 휴대폰 도청이 불가능하다고 일관되게 주장했다. 그러다가 벼랑 끝에 와서야 휴대폰 도청이 가능하다며 태도를 바꾼 것이다. 그토록 아니라며 버티다가 왜 난데

없이 고백 수준의 시인을 했을까?

공교롭게도 중간발표 전, 조간 중앙 일간지에 미국의 보안회사 G 사에서 판매한다는 휴대폰 감청장비가 사진과 함께 대문짝만하게 보도됐다. 그리고 조만간 모 월간지에서도 움직일 수 없는 증거를 잡고 터트릴 것이라는 첩보도 있던 터였다. 그런 중에 국가정보원이 미림팀 도청사건 자체 조사 결과를 발표하면서 휴대폰 도청 문제를 함께 고백한 것이다.

모두가 큰 충격을 받았다. 나도 혼란스러웠다. 배신이라는 느낌이 강했다. 허탈했다. 휴대폰 도청이 가능하다고 주장하여 검찰 조사까지 받았던 지난날이 떠올랐다. 말조심하라며 경고성 당부도 들었다. 그동안 받은 스트레스도 적지 않았다. 분노를 느낀 것은 취재기자들도 마찬가지였다. 믿었던 게 잘못이었다는 반응들이었다. 외부에서 뉴스를 접한 나는 급히 회사로 돌아왔다. 사무실에는 방송사 카메라 세 대가 대기하고 있었다. 인터뷰가 이어졌다.

"그동안 휴대폰 도청이 가능하다는 주장을 굽히지 않았는데 이번 사건을 어떻게 보십니까?"

"휴대폰 감청기술이 개발되었다고 해서 천인공노할 일도 아니고 오히려 국가 안보적 측면이나 조직, 마약 등 강력범죄의 수사를 위하여 감청, 즉 합법적인 통신제한조치는 절실히 필요하다고 생각합니다. 테러리스트들이 한국에서는 휴대폰만 가지고 연락하면 '만사 오케이'라고 한다면 그 책임은 누가 질 것입니까?"

기자가 다시 질문했다.

"휴대폰 도청은 이론적으로 4조분의 1에 해당한다는 암호 코드를 맞추어야 하며, 그런 만큼 기술적으로나 현실적으로 불가능하다고 정부에서 흔들림 없이 부인해 왔는데요. 그 부분을 어떻게 생각하십니까?"

"사실 휴대폰 도청이라는 것이 공중파에서 가로채는 도청의 경우 이동통신 사업자의 협조가 필요한 것도 아니고 통화 감도가 나빠지는 것도 아닙니다. 이번처럼 고백을 하지 않으면 그 증거를 찾아내기가 사실상 불가능하다는 것에 휴대폰 도청의 심각한 문제가 있습니다. 누군가 양심선언이라도 하지 않는다면 4조분의 1 암호 코드 찾기보다 숨겨놓은 보안장비 찾아내기가 더 어려울 것이라는 견해입니다."

"정부는 통신 기술이 디지털 방식으로 업그레이드되는 과정에서 더 이상 감청 기술이 따라갈 수 없어 포기했다고 했는데, 이에 대해 의견이 있으신가요?"

방송사 기자는 민감한 질문을 했다.
"그러나 기술적 한계를 두는 방법으로 합법적인 감청에 정부 스스로 족쇄를 채우면 곤란하지요. 지금이라도 정상적인 예산 확보를 통하여 관련 기술을 극복하고, 합법적인 감청의 길을 떳떳하게 열어 놓아야 한다고 봅니다. 여기에는 휴대폰뿐 아니라 이메일, 메신저, 팩스 등 모든 통신망이 해당되어야 합니다. 의지만 있다면 기술은 자연스럽게 확보가 가능한 것으로 알고 있습니다. 문제는 솔직하고 진실되어야 하며 투명해져야 한다는 것입니다."

"그렇다면 디지털로 바뀌는 최근 기술에 대한 감청기술이 존재한다는 전제하에 불법행위를 방지할 수 있는 방안으로는 무엇이 있겠습니까?"

휴대폰 감청이 가능하다는 것을 정부가 일부 시인했지만, 관련 기술이 비약적으로 발전하면서 더 이상의 감청은 포기했다고 발표한 마당이라 대답하기 부담스러운 질문이었다.

"사실 감청기술이 확보된 이후에는 극도로 제한된 범위 내에서 감청해야 합니다. 그리고 그 관리를 2중, 3중으로 철저히 해서 불법적인 도청을 근절해야 한다는 것이지요. 그것 역시 통신망과 감청망의 기술적 구성을 조화롭게 함으로써 어느 일방에서의 접근이 금지되도록 통제할 수 있다고 생각합니다. 이러한 방식은 현재 선진 외국에서도 적용하는 감청 시스템으로 잘 알려져 있습니다."

부담스러운 만큼 핵심을 약간 비껴간 대답을 마지막으로 두 시간을 넘긴 인터뷰가 끝났다.

취재팀이 썰물처럼 밀려 나가고 조용한 사무실에서 고민에 빠졌다. 그동안 휴대폰 보안장비가 해외에서 유통되고 있음을 파악하고 고객에게 '주의하라.'라는 당부를 2000년도부터 해왔다. 그러나 정부에서는 요지부동으로 '아니다.'라고 버텼다. 결과는 실체가 보이지 않는 논란으로만 번져 갔다. 그 과정에서 내 입장이 난처했던 것도 사실이다. 과연 어느 것이 진정 국익을 위한 것인가. 그동안 가능하다고 일관된 주장을 해 왔던 것이 옳은가? 아니면 잠자코 있어야만 했는가?

# 도청 파문, 그 후

도청 보도가 또 다른 전염병처럼 전국을 강타한 뒤, 기다렸다는 듯 도청피해를 호소하는 사람들이 나타나기 시작했다. 상담을 해 보면, 경험으로 보아 실제 도청 사실이 없었을 것으로 판단되는 내용이었다.

누군가 자신의 머릿속에 마이크로 칩을 심어 놓아 상대방이 본인 생각까지 알고 있어 못 살겠다고 찾아오는 고객도 있었다. 황당할 뿐이었다. 또한, 서류 가방에 도청기가 있다며 두려움에 질려 말을 제대로 못 하는 벤처기업 사장도 있었다. 문제의 가방을 털어 보았더니 나오는 것은 먼지뿐이었다.

안타까웠다. 그만큼 우리 사회는 불신의 늪에 빠져 있었다. 서로에 대한 피해의식으로 사로잡힌 사람들을 보면서, 갑자기 나 자신도 혼란스러워졌다.

어느, 대통령 취임 1주일 전쯤이다. 평소 알고 지내던 정부 부처 공무원이 전화를 해왔다. 그날 나는 서울을 벗어나 업무를 보고 있었다. "오늘 밤 당장 만나자."라는 것이었다. 여러모로 "오늘은 곤란하다."라고 했더니, 내가 있는 곳으로 "찾아가겠다, 그곳에서 만나자."라는 것이었다.

통화내용으로 짐작건대, 본인의 용무가 아닌 제3자와의 만남이었다. 내가 서울 시내로 들어가는 것이 낫겠다는 생각이 들었다. 늦은 시간 시내로 들어가서 한 음식점으로 안내됐다.

처음 보는 두 사람이 함께했다. 정부부처 기획관리실장과 과장으로 인사를 나누었다. 대화 중에 여러 가지 느낌으로 보아 정보기관 요원들임을 직감하였다. 그 상황에 적절한 대화를 이어갔다. 어차피 신분을 감추고 나온 사람들 앞에, 나 혼자 솔직해지고 싶은 생각은 이미 없었다.

그날 소주 몇 병으로 나눈 대화의 요지는 '가급적 말씀을 조심해 달라'였다. 다시 말해 '취임식도 며칠 남지 않았는데 공연히 시끄럽게 하지 말라'라는 것이었다. 쓴웃음밖에 나오지 않았다.

다음에는 검찰에서 호출이 왔다. 대선 전 도청 논란 속에서 모 일간지가 특종 보도한 기사와 관련한 고소 사건 때문이었다. 결국은 국가정보원과 야당, 언론사의 싸움판이었다.

그동안 나는 '휴대전화 도청이 가능하다'라는 주장을 계속해 왔다. 검찰에서는 그렇게 말한 근거를 대라는 것이었다. 당시 언론에서는 내가 제시한 자료로 기사를 썼는데 실체가 없다는 것이다.

그동안의 여러 근거자료를 준비해서, 모 호텔과 서초동 서울중앙지검 청사에서 각 한 번씩의 조사를 받았다.

그런 와중에 호주 출장 중 또 하나의 사건이 터졌다. 시드니에 도착하는 날 한국에서는 난리가 났다.

＊＊정부 시절, 각종 게이트를 전담 수사하던 서울중앙지검 특수1부장실에 대한 보안점검을 실시하였다. 그리고 결과는 보고서로 제출하였다.

그런데 이 보고서가 유출되어, 모 중앙일간지 1면 톱에 빨간 줄로 박스까지 만들어져 보도되었던 것이다. (빨간 줄로 박스까지 만들어진 기사를 그 이후 지금까지도 나는 본 적이 없다)

'휴대폰 1천 대 동시 도청' '도청 수사하는 검찰도 도청공포'라는 제하였다.

우리가 제출한 보고서 내용인즉, 휴대폰 도청이 가능한 장비가 해외시장에 유통되고 있으니 각별히 주의하시라는 기본적인 당부였다. 보고서를 유출하지도 않았지만, 언론의 공세에 우리 사무실이 발칵 뒤집어졌다. 공교롭게도 그날 아침은 내가 해외 출장 중이라 마치 도피한 분위기로 만들어지기도 했다.

참고로 밝히자면 우리는 고객에게 보고된 보고서 파일은 즉시 삭제한다. 기본적으로 사본은 만들지 않는다.

우리 회사 중앙관제센터의 모니터는 기자들이 출입할 때 반드시 A4 지로 덮어진다. 또는 모니터를 꺼 버린다. 그 속에는 정당하게 보안 활동을 원하는 고객 명단이 있을 뿐이다. 그러나 그

**조선일보 빨간 줄** – '휴대폰 1천대 동시도청' '도청 수사하는 검찰도 도청공포' 빨간 줄로 박스까지 만들어진 기사를 그 이후 지금까지도 나는 본 적이 없다

명단 자체를 고객의 어떤 치부라도 노출하는 것처럼 색안경을 끼고 보려 하기 때문이다. 때에 따라서는 대단한 뉴스거리로 등장하기도 한다. 그것도 아주 심각한 분위기로 말이다.

이것이 지금 우리 사회의 보안 의식의 현주소다.

내가 존경하는 철학자, 니체가 이런 말을 했다.

— 명분을 해치는 가장 비열한 방법은 잘못된 주장으로 명분을 옹호하는 것이다.

나는 니체의 이 말이 우리 사회를 끌어가는 리더들의 잘못된 방법을 잘 대변하고 있다고 본다.

95

# 프로의 삶과 보람

그간 국가적으로 중대한 많은 일들이 있었다. 그리고 그 굴곡마다 나름의 역할을 하였다. 한 분야의 전문가로서 긍지를 느낀다. 힘들고 어려운 시련을 겪었지만, 그런 가운데 자부심을 가질 수 있다는 것은 또 하나의 보람이라고 생각한다.

돌이켜보면 숨 막히게 쫓고 쫓기며 사는 것이, 어느새 내 생활이 되었다. 1인자, 대부, 최고 전문가의 호칭을 얻기도 했다. 그럼에도 아쉬운 점이 있다면, 도청보안전문가로서 '도청공포'로 고통을 겪는 힘없는 사람들을 위한 사회적 책임에 나름의 노력이 부족했다는 것이다.

어린 시절, 우연히 접한 과학 잡지에서 시작된 나의 이야기는 한 분야의 새로운 직업 세계를 일구어냈다. 언젠가, 도道 교육청

## 동아일보
오피니언 정치 경제 국제 사회 문화 연예 스포츠

# [인물 포커스] 도청방지 1인자 안교승씨

입력 2002-11-05 19:10    업데이트 2009-09-17 06:59

▲전망좋은 유리창이 있는 회의실에서 회의를 하지 말 것→레이저도청기로 쉽게 도청할 수 있다.
▲시계나 계산기 등의 선물은 주의할 것→고전적인 수법이지만 축하 화분이나 시계, 계산기 등의 선물에 도청장치를 설치하는 것도 가능하다.
▲건물 전체 통신시설에 대한 주기적인 전문가 상담→기본적인 통신시설 점검을 하지 않아 낭패를 당하는 회사가 많다.
▲교환기 시스템을 바꿀 때는 반드시 디지털 방식으로→집단 전화 시스템과 적절한 망을 구성하면 보안성이 두 배쯤 좋아진다.
▲중요한 대화는 전화로 하지 말 것. 대화를 할 때 가벼운 음악을 틀어 놓을 것→휴대전화나 유선전화 모두 도청의 위험에 노출되고 있다. 실내 음악도 도청 교란 효과가 있다.
▲기업이라면 매 주기적으로 전화 선로를 교체할 것.
▲신축 빌딩은 이전하거나 신규 인터넷이나 공사를 할 때 출입자 관리는 필수→최근에는 건물 신축 당시부터 도청 장치를 하는 경우가 많다.
▲화상전화보다 구내 전화(집 전화)를 사용할 것→9번을 누르고 사용하는 집단 전화에 대한 도청이 훨씬 힘들기 때문. 키폰 등을 사용할 경우 전화기에 대한 재 프로그램 입력 작업은 반드시 해야 한다.

《세상이 각박하다 보니 모두가 도청을 걱정해야 하는 상황이지만 말이다. 그러나 위험을 알고도 대비하지 않는 것은 어리석은 일. 특히 도청의 목적이 산업 기밀이나 회사의 중요한 의사결정 사항을 빼내기 위한 것이라면 철저한 대비가 필요하다. 한국통신보안㈜ 안교승 대표는 "굳이 고가의 장비가 아니라도 평소에 보안에 조금만 신경을 쓴다면 도청 위험에 완전히 노출되는 것은 피할 수 있다"고 말한다. 다음은 안 대표가 소개하는 도청 방지법.》

나는 세도 열어뜨린다는 실세 장관, 검찰·경찰 수뇌부, 언론사와 대기업 회장, 3부 요인까지… 모두 한국통신보안㈜ 안교승(安敎昇·40) 대표의 고객들이다.

도청(盜聽)이 사회 이슈로 떠오르면서 국내 최고의 도청 방지 전문가인 안 대표의 고객도 부쩍 늘었다. 휴대전화 7, 8개를 돌려가며 사용한다는 국회의원에서 공중전화로 업무 지시를 한다는 장관, 휴대전화 비화기를 구입했다는 야당 대통령후보까지…. 요즘 우리 사회 VIP시고 도청으로부터 자유로운 사람은 드물다. 서울 현실이지만 그래서 안 대표의 주가는 연일 상한가다.

페니실린을 공수해 위독한 환자의 생명을 구한 아마추어 무선사의 얘기를 듣고 "전파 마니아"가 됐다는 그는 업계 최고경영자(CEO)에서는 드물게 공업고교 출신. 하지만 그는 도청방지 시장의 80% 이상을 점유한 "절대 강자"다. 옷 로비, 조폐공사 파업 도청 사건의 수사본부가 차려진 특별검사팀 사무실을 비롯해 남북 정상회담 등 굵직한 주요 행사의 보안 작업에 참여했다. 최근에는 '서울에는 비밀이 없다'라는 책을 내놓아 화제가 되고 있다.

●에피소드

보안 점검, 즉 도청장비 유무를 확인해 달라는 의뢰는 매우 은밀하게 이뤄진다. 안 대표의 고객 리스트가 웬만한 유명 음식점 방문객 리스트보다 화려하지만 드러나 놓고 선전할 수 없는 것도 비로 이런 이유다.

"어디를 가거나 '특별 대우'죠. 출입 기록도 적지 않고 지하 주차장에서 비상 엘리베이터로 직행합니다. 장비는 포장 이사용 박스에 넣어 옮기나 빌딩 대청소라고 속이고 작업하는 경우가 많아요. 점검 사실이 알려지면 이미 설치된 도청장치를 떼내가나 의뢰인이 곤경에 처할 수 있기 때문이죠."

재계 서열 30위 내에 드는 한 대기업. 회장은 노이로제에 시달리던 화장이 보안 검색을 의뢰했다. 그 회사 기밀은 물론이고 단 둘이 한 대화까지 새소오다. 회장은 즉시 지시 사항을 메모로 써서 비서실에 전달하거나 간부 회의도 빌딩(筆談)으로 진행하기 시작했다.

D에서. 안 대표는 회장실이 있는 층 전체를 폐쇄하고 직원들이 모두 퇴근한 자정 무렵부터 정밀 측정에 나섰다. 유선전화의 내부와 선로는 물론 책상과 의자, 소파 심지어 화분 속까지 뒤졌다. 원격제어장치로 작동하는 도청기를 찾아내기 위해 작동하지 않는 도청장치까지 감지하는 '하모닉 디텍션' 작업을 병행했다. 오전 4시. 상들리에가 달린 집무실 천장에서 소형무선 발신기를 찾아냈다. 이미 배터리 수명이 끝난 UHF주파수대의 이 장치는 20일간 도청에 이용된 것으로 확인됐다.

고위 공직자인 경우 접촉은 더 은밀하게 이뤄진다. 현 정부에도 국무총리를 지낸 한 인사는 '007영화'처럼 보안 점검을 의뢰했다. 점검 당일까지도 의뢰인의 신분을 숨긴 총리비서는 미리 준비된 차량에 장비와 인력을 싣게 하고 비밀리에 집무실로 인도했다. 점검이 끝난 뒤에는 카펫에 넣은 발자국까지 모두 정도로 치밀했다.

"나중에 알았지만 정보기관이 총리실에 대한 보안 점검을 막 끝낸 뒤 의뢰가 왔더군요. 서로를 얼마나 못 믿는다는 얘깁니까? 노사 갈등이 심한 어떤 회사는 노측과 사측이 동시에 점검 의뢰를 하기도 하고, 같은 회사의 공동대표가 상대방 승용차에 각각 도청장치를 한 경우도 있었어요."

예전에는 도청기라고 하면 성냥갑만한 장치를 책상 밑에 몰래 붙여 놓는 것으로 생각했지만 요즘은 다르다. 마이크 성능이 좋아지면서 책상 위나 소파의 무선 속, 화분 안이나 전화 콘센트에 숨긴 위장된 물체그래서도 도청기가 많이 발견된다. 최근에는 전화 송수화기가 도청 기능이 내장된 제품이 있고 휴대전화를 끊은 상태로 설정한 뒤 감지할 필요한 때 전화를 걸어 도청을 하는 기술까지 개발됐다. 그는 부호분할다중접속(CDMA) 휴대전화 도청 논란에 대해서도 "장비의 존재 여부에 대한 논란은 무의미하다"는 입장 일축했다.

"미국 CCS라는 회사와 보안 사업을 해 오래 같이 해 오면서 있는 2000년에 'CDMA 셀룰러 인터셉트 시스템'이라는 도청 장비에 대해 개발했으니까 셀즈를 해 보려라는 지탈을 해 봤더라고요. 가격은 대당 33만5000달러였지요. 그 회사가 없는 장비를 셀즈하겠다고 선전할 회사도 아니고... 그때 고객들에게 CDMA 도청방지기가 개발됐으니 보안에 주의하라는 공문을 보냈습니다."

이 밖에도 안 대표는 영국과 이스라엘 복 업체로부터 CDMA 도청방지기와 관련된 방대한 자료와 함께 세일즈맨이 시연회를 하기 위해 방문하겠다는 연락을 받은 적이 있다고.

●히스토리

그는 충남 제천의 시골 마을에서 태어났다. 마을에 전화기가 들어오기 집집마다 연락망을 달아놓는 산골 마을이었다. 하지만 그는 중학교 때부터 '전자과학'이나 '학생과학' 같은 잡지를 보면서 아마추어 무선사(HAM)에 빠져들었다. 공고 통신과에 진학한 것은 어려운 가정 형편도 있었지만 통신을 배우기 위한 선택이기도 했다.

무선사의 세계는 요원했다. 용돈은 모조리 부품을 사는 데 썼다. 서울 청계천과 경기 성남시 모란시장 고물상을 헤매고 다니며 라디오와 전축 부품을 사 왔다. 이미 그 고때 아마추어 무선사 후테르기를 만들어 체신부장관 허가를 받았다. 무선국 개국에 운명하기도 했다.

본격적으로 무선통신에 뛰어든 것은 1990년. 대우통신을 그만두고 대우통신 무전기 제조업체인 레디오에를 설립하면서다. 1992년 대통령선거를 앞두고 비상 본초원복 사건도 그 시점이었다.

"도청 문제로 온 세상이 시끄러웠지 것을 보면서 이 분야가 장래성이 있다고 생각했습니다. 당시 관련된 정보를 얻을 만한 곳이 없어 힘들었지만 무선 원리에 대한 자신감이 있었기 때문에 일단 뛰어들었죠."

외국 서적을 읽고 해외 기업을 찾아다니며 관련 기술을 익히다 1996년에 처음으로 장비를 개발했다. 주변에 도청장치가 있으면 2초 이내에 확인이 가능한 '도청 신호 수신기'. 여행용 가방에 장비를 설치하고 영업을 시작했다. 첫 고객은 재계 랭킹 5위권의 대기업과 굴지의 은행. 지금까지 그가 개발한 기업들이 하나를 고객 리스트에 추가했다.

그동안 그가 개발한 도청 방지 장비는 여러 가지지만 도청용 무선 전파가 잡히면 경보를 해주는 RM-7, 경찰 무전망이나 산업통신망 전파를 걸러내고 도청 신호만 찾아내는 기능을 갖춘 RNG-3000, 레이저 도청 방지 기능과 원격제어 기능을 갖춘 R5000 등이 대표적이다.

"고객은 500개 업체 정도 되는데 대부분 대기업입니다. 개인 고객은 맞지 않지만 극소수 VIP 들은 관리를 합니다. 남대문시장 도청 방지 시장은 보수적으로 잡아도 연 500억원 규모는 되는데 요즘 같은 추세라면 점점 더 커지겠죠."

●라이프

그는 요즘의 도청 공포증을 보면서 어떤 생각을 할까. 클라이언트가 늘어나는 게 좋을 법도 하지만 표정이 밝지 않다.

"의료 분쟁에 휘말린 한 의사가 누군가 자신을 도청하고 미행한다며 잠바 안에 방탄복까지 입고 다녔죠. 어떤 신흥 부유는 도청을 당하겠다며 집안에 바스락거리는 소리만 들어도 천정과 벽을 향해 함께 소리를 지르며 옥설을 퍼붓지요. 집을 비우면 누구가 도청기나 몰래 카메라를 설치할까 봐 단체 여행조차 못하는 사람도 있어요... 이게 정상은 아니잖아요."

장래 포부를 묻자 한참 생각한 끝에 의외의 대답을 내놓는다. 앞으로 5년간은 이 분야에 매달리겠지만 그 후에는 새로운 일을 찾겠다는 것이다. 맺음을 사람과 이름 막으려는 사람 사이의... 숨바꼭질 작업이 지칠 만도 하겠다는 생각이 들어 직업에 대해 회의하냐고 물었다.

"회의까지는 아니고요... 들이러보면 어려운 일만 찾아 해 온 것 같아요. 늘 새로운 일 찾아 도전도 했고요. 앞으로 5년 정도면 충분하죠. 무슨 일이든지 모르겠지만 전혀 다른 일을 찾아 떠날 거예요. 그게 인생이죠."

▼안교승 대표▼
▶1962년 충북 제천 출생 ▶1982년 부천공고 통신과 졸업 ▶1982년 대우통신 입사, 통신연구소 근무 ▶1990년 레디오엠 설립(생활용 무전기 제조업체) ▶1996년 한국통신보안㈜로 회사명을 바꿈, 도청신호수신기 개발 ▶1997년 RM-7(무선신호복창분석) 개발(실용신안) ▶1999년 RNG-3000(레이저도청방지법) 개발(") ▶2001년 R5000(유무선이저도청방지장비 개발)(") ▶2002년 '서울에는 비밀이 없다–지금은 도청중' 출간

▼안교승씨가 말하는 도청방지법▼

인터뷰=이 훈기자 dreamland@donga.com

**동아일보 기사** – 아무도 가지 않은 "통신보안"의 길을 찾아서. '남북정상회담' 보안업무에 참여하는 등 활발하게 움직일 즈음 '도청방지 1인자'라는 타이틀로 신문에 소개 되었다.

에서 실업계 학생들에게 꿈을 심어준다며, 그간 나의 보안 연구 사례를 모델로 영상자료를 제작했다. 그리고 그 자료를 각 학교에 배포하는 동기부여가 있었다.

청년들에게 해주고 싶은 당부가 있다. 먼저 나를 알려고 노력하고, 내가 누구인지 알았다면 계획을 철저하게 세워야 한다. 맞춤식 계획이다. 그림을 그려도 좋겠다. 맞춤식 계획이란 나만이 가지고 있는 경쟁력으로 능력 발휘를 위한 최상의 프로그램이다. 나만의 경쟁력이란 앞에서 말한 '나는 누구인가?'를 찾는 과정에서 발굴된 것들을 의미한다.

아직 잘 모르겠다면 메모장을 다시 들추어 보자. 어떤 사업적 기질만을 이야기하는 것은 아니다. 장난꾸러기였다면 어떤 장난을 치며 좋아했는지, 음식을 좋아했다면 특히 어떤 음식을 좋아했는지가 경쟁력 발굴에 매우 중요한 기초 자료이기 때문이다.

예를 들어, 어릴 때 유난히 빵을 좋아했다고 가정하자. 그렇다면 빵의 길에도 여러 가지가 있다. 첫 번째가 좋아하는 빵을 실컷 맛보는 것이라면 두 번째부터는 빵 이론을 체계적으로 연구하고 정립하여 빵을 만들거나 가르치는 것, 제빵 사업을 직접 펼쳐보는 것, 기존 빵의 관념을 뿌리째 흔들 수 있을 만큼 나만의 빵을 만들어 새로운 유행을 창조하는 것 등 매우 다양하다. 그렇게 할 수 있을 때 비로소 자기 분야를 찾았다는 즐거움과 행복을 맛볼 수 있을 것이다.

성공한 영화감독, 프로 게이머들에게 그들의 과거와 현재를 묻는다면 분명 먹고 살기 위한 노력에서 오늘의 그들이 있지는 않았을 것으로 본다. 바쁘게 먹고 살다 보니까 어느 날 일인자가 되었더라는 성공담은 없다. 그들도 언젠가 자신들이 좋아했던 기억 속의 잠재력을 개발했고 그에 따른 치열한 노력이 있었을 것이다.

나에게 가장 어울리는, 내가 가장 잘할 수 있는 일을 한다면 리스크는 그만큼 줄어든다. 퇴직금 타서 고민 끝에 '만만한 사업이 먹는장사라니 식당이나 하자.'라는 막연한 사고방식 때문에 갖고 있던 퇴직금마저 날리는 경우가 얼마나 많은가. 평생을 바쳐 모은 귀중한 재산을 그렇게 허무하게 뿌릴 수는 없다.

결국, 자기가 좋아하거나 하고 싶은 일을 한 것도 아니면서, 한꺼번에 모든 것을 잃는 전형적인 사례가 된다. 이렇게 된다면 다시 일어서기도 쉽지 않다. 퇴직해서 사업했던 분들의 공통된 이야기가 있다.

"해 보고 싶은 것 꾹 참고 오로지 사업에만 투자했는데 이 지경이 되었다."

그들은 해 보고 싶은 것을 용케도 빼놓고 자신과는 맞지 않는 일만 골라서 했다는 것이 내 생각이다.

그렇다면 해 보고 싶은 것을 왜 꾹 참았을까? 결국, 자신에게 맞는, 하고 싶은 일을 찾지 못했기 때문이었다. 수순대로 되었을 뿐이다.

나는 과학도의 정신으로 철저하게 실험하고 검증해 보는 시간을 보냈다. 그 과학적인 생각이 필요하다.

과학에 대한 탐구 정신만큼 커다란 꿈과 목표를 가질 수 있고, 인류에 이바지하는 분야도 없다고 생각한다. 나는 항상 과학 연구자의 태도를 견지하려 애쓴다. 그것만이 나를 지키고 성공에 이르는 일이기 때문이다. 보안업무에 2등이 있을 수 없다. 그리고 과학 없이 1등을 지켜낼 수도 없다. 그런 의미에서 과학기술을 바탕으로 한, 프로들의 창과 방패의 싸움은 앞으로도 영원히 계속될 것이다.

청년들에게 새뮤엘 존슨의 말을 꼭 전하고 싶다. 그의 말처럼 세상을 향해야 할 것이다. 그는 이렇게 말한다.

—지식이 없는 성실은 허약하고 쓸모없다. 성실이 없는 지식은 위험하고 두려운 것이다. 라고.

# 서울에는 비밀이 없다

신장비 구축이 안정을 찾으면서 나는 새로운 결심을 하게 됐다. 그동안 전문 컨설턴트 입장으로 주요 기업과 VIP, 개인의 도청사례를 무수히 보아왔다. 그러나 아직 통신보안 실무를 경험한 내용이 담긴 책자가 없다는 현실이 안타까웠다.

보안 관련 전문 월간지 등에 몇 차례 연재하였지만, 그것만으로는 부족했다. 하루가 다르게 변하는 국제 보안환경에 대한 조바심이 밀려오면서 마음은 더욱 바빠졌다.

2002년 7월, 다시 짐을 싸서 이번에는 강화도로 떠났다. 보안사업을 구상한다며 인천의 호텔을 찾은 후 6년여 만이었다. 전등사 부근의 작은 콘도미니엄을 찾았다. 그리고 열흘 일정으로 잡았다. 준비하기 좋아하는 나는 이번에도 단단히 챙겼다. 거처에

임시전화를 가설하고 인터넷 접속 공사를 신청했다. 물론 와이파이는 없을 때였다. 그리고 쓰기 시작했다.

우리 사회 전반으로 도청에 대한 불안이 확산되면서 사회 곳곳에 여러 가지 부작용이 나타났다. 일단 도청 공격을 당하게 되면 기업체로서는 수백억을 투자한 신규 프로젝트가 하루아침에 물거품으로 될 수도 있는가 하면, 주요 정책 결정 사항 등 고급기밀이 유출되어 경제적인 가치로 환산할 수 없을 만큼의 엄청난 피해로 되돌아온다.

개인의 경우 아예 사회생활 자체가 어려울 정도의 정신적인 피해를 입기도 한다. 이처럼 자신이 도청당하고 일거수일투족이 감시당한다고 할 때 그 피해 당사자의 공포감과 정신적 고통은 실로 상상을 뛰어넘는다. 무언가 그들을 안심시키기 위한 대책이 절실했다.

그러한 현실에서 검증되지 않은 보안장비와 인력으로 그저 막연한 주먹구구식 대책을 세우다 보니 첨단장비를 이용하여 너무나 쉽게 공격하는 상대측에 비하여 그 대응은 짧은 한계를 쉽게 드러냈다. 결국 국부 유출의 위험과 함께 고비용 저효율의 '무늬만 보안' 관리 시대가 도래하는 것 같아 안타까움을 더하였다. 그래서 그간 통신보안 업무에 종사하고 나름의 노력으로 얻은 사례와 실무경험을 바탕으로 썼다.

그러면서 한국 사회에서의 도청실태와 그것들이 어우러져 결국 또 하나의 문화로 자리할 수 있을 만큼의 부정적인 단면을 가지게 된 우리 시대의 자화상을 그려보았다. 아울러 우리 사회의 도청 현실, 첨단도청의 기술적인 분석과 적극적인 대처 방안 등의 제시를 하고자 하였다.

그렇게 해서 그해 11월, 음지 속의 이야기 <서울에는 비밀이 없다 (지금은 도청중)>를 출간하게 되었다.

서울은 한국 사회의 정치, 사회, 경제, 문화의 중심지로서 대한민국을 대변하는 상징 아닌가.

그리고 얼마 후, 읍내 글짓기 대회에 나가게 되었다. 출전하지 말았어야 했다. 책을 덮게 된 사건도 그날 터졌다.

대회 후 인솔 교사가 사준 자장면을 먹다가, 바로 앞 전파사에 걸린 라디오 키트를 보았다. 그 순간, 한마디로 나는 이성을 잃었다. 건전지도 없이 아무 곳이나 쇠붙이에 안테나선을 붙여만 주면 방송이 잡히는 그런 것이었다.

그날 내 마음을 송두리째 빼앗았던 그 괴물의 이름은 '광석 라디오'였다. 나는 부모님을 졸라 결국 300원을 주고 라디오를 샀고, 더 이상 책 읽고 독후감 쓰기를 포기했다.

그러나 부모님께서 자퇴를 허락해 주실 리 만무했다. 방법이라면 가출밖에 없었다. 내 머릿속은 집에서도, 학교에서도 오로지 가출만이 살길이었다. 그보다 좋을 것은 없을 것 같았다. 가출을 꿈꾸다, 가출을 하다, 서울전파학원에 입학한다, 그리고 친구들에게, 가족에게 편지를 쓰는 상상까지 하게 되었다.

끝내 이루지 못한 일이 되고 말았지만, 내게는 무척이나 길게 느껴졌던 첫 번째 열병이었다.

# Part 3.

# 꿈, 그리고 이력서

# 나는 녹음기가 싫어요

나는 누구인가, 나의 정체성을 과연 정확히 제시할 수 있는가, 나의 주체는 어디 있는가…. 이 문제는 나뿐 아니라 우리 시대 많은 청년의 고민이 되고 있다. 그 고민에 빠져 허우적거리면서 결국 자신을 찾게 되면 그는 뜻을 이루게 된다고 나는 믿는다. 그런데, 그것이 쉬운 일만은 아니다.

먼저 서양의 철학에서 가장 중요하게 취급하는 '주체' 문제를 짚고 가보자. '주체'는 근대 유럽 철학에서 가장 중시하는 개념이다. 인간 위주의 인식 틀을 주체로 보는 견해는 데카르트에서 시작되어 헤겔까지 이어지고 있다. 우주의 주인으로서 인간은 신의 위치에 서서 자연과 삶의 규칙을 발견하여 규준을 정하여 활동한다.

그런데 니체와 프로이트는 절대화된 주체의 개념에 의심을 품고, 근대적 주체의 허위성을 고발한다. 니체는 기독교 도그마를 포함해서 형이상학적 전통을 해체하고자 했다. 그가 '신은 죽었다'라고 말하는 것은 신처럼 군림하던 주체가 죽었다는 의미와 다름없다. 또한, 프로이트는 인간의 정신을 의식과 전의식, 그리고 무의식의 지대로 나눈다.

내가 대학교 교양 시간에 배운 바가 거기까지다. 이후 소설 공부를 하면서 소설 교수님으로부터 강하게 전해 받은 사유가 있다. 자크 라캉의 주체 의식이다. 개별적 존재이며 사회의 일원인 현 인류의 심리적 층위를 라캉은 기호학적으로 풀어낸다. 그 과정에 '상상계' '상징계' '실재계'가 놓인다. 상상계는 '거울 단계'라고도 하는데, 아이가 거울 속의 자신을 보고 자신의 모습에 혼란을 느끼는 시기이다. 어머니와 동일시되던 자아는 분열되며 상징계로 나아간다. 상징계는 언어와 문화로 이루어진 보편적인 질서의 세계이다. 어머니와 동일시하던 자아는 사회의 금기를 받아들이며 사회질서에 편입한다. 실재계는 언어가 지칭할 수 없는 대상이나 마음의 상황을 말한다. 언어로 구성되는 현 인류의 상황에서 언어와 그 뜻은 개념 쌍으로 모습 지어져 있다. 곧 인간은 개념으로 삶을 살아가고 있는 것이다. 기표와 기의의 간극 속에 실재계가 있는데, 이는 모순으로 그 모습을 드러낸다.

결국, 나는 나의 언어로 나를 가장 나답게 기록할 때 주체가 드러나게 된다고 생각한다. 그리하여 나는 진실만을 기록하기 위해 온 힘을 다해 객관적인 사실을 기억해 내려 한다. 진정한 나, 주체를 찾기 위한 노력이 될 것이다.

내게는 돌아보면 제일 먼저 선명하게 그려지는 풍경이 있다.

그곳에 나를 놓고 고백해 본다.

초등학교 입학하기 얼마 전쯤이었다. 서울 사촌 큰 형님이 시골 우리 집을 다니러 오셨다. 그는 베트남 전쟁 때, 파월 맹호부대 장병으로 파견되었다가 돌아왔다. 그러나 문제는 베트남 전쟁이 아니었다.

형님은 귀국길에 릴 녹음기를 가지고 왔다. 그런데 그날따라 자랑하려는지, 굳이 안 보여주어도 아무런 문제없을 시골에까지 녹음기를 가져온 것이다.

단언컨대, 녹음기를 가져와 보라고 한 사람은 아무도 없었을 것이다. 세상에 그런 물건이 있는 줄도 몰랐을 테니까.

어쨌거나 릴 녹음기는 시골 우리 집을 찾아왔다. 영화 필름처럼 생긴 테이프 두 개가 앞뒤로 돌아가는 네모 난 기계였다. 형님은 그것을 내 앞에 놓고는 자꾸만 노래를 하라는 것이었다.

"교승아, 노래 한번 불러 봐!"

형님은 숫기가 없어 못 하겠다고 버티는 나를, 여러 식구 앞에서 꽤 무안하도록 만들었다. 가끔 회심의 미소도 지으면서 말이다.

"싫어요. 싫단 말이에요."

완강하게 거부했던 내 고집에 그는 결국 노래시키는 것을 포기했고, 나는 안도의 한숨을 쉬었다.

바로 그때였다.

"싫어요. 싫단 말이에요."

괴물 같은 녹음기에서는 끝까지 못 부르겠다며 버티는 내 목소리가 흘러나왔다. 내가 듣기에도 서먹한 내 목소리는 수없이 반복됐다.

"싫어요. 싫단 말이에요."

"싫어요. 싫단 말이에요."

어쩔 줄 모르던 나는 '으앙'하고 울음을 터트렸고, 결국에는 울음소리마저 고스란히 녹음되고 말았다. 주위 어른들은 더 크게 웃었고, 그때부터는 새로 녹음된 울음소리가 반복됐다.

나는 더 이상 소리 내어 울 수가 없었고, 녹음된 소리를 차마 들을 수도 없었다. 안절부절못하던 나는 분을 삼키며 대문 밖으로 뛰쳐나갔고, 그것으로 끝이었다.

그날 밤 이후 그 녹음기에 대한 소식을 나는 지금까지도 모른다.

# 글짓기 반, 라디오를 만나다

초등학교 4학년 때, 담임으로부터 [글짓기반]에 들어가라는 권유를 받았다. 이미 [태권도반]에 들겠다며 기초 심사를 받다가, 스파링이 시작되고 1분도 지나지 않아 코피가 터져 망신을 당한 뒤의 일이었다. 별 관심 없이 그러겠다며, 그때부터 책 읽는 일에 몰두했다. '자유교양' 시리즈로 기억되는데, 생각보다 재미있었다. 바깥세상에 실눈을 뜨게 된 것이 그즈음이었을 것이라는, 당치않은 생각이 이따금 들기도 한다.

책을 읽었으면 '독후감'을 써야 했고, 자연스레 방과 후 교실에 남아 있는 시간이 많아졌다. 그런대로 열심히 했던 것 같다.

그리고 얼마 후, 읍내 글짓기 대회에 나가게 되었다. 출전하지 말았어야 했다. 책을 덮게 된 사건도 그날 터졌다.

대회 후 인솔 교사가 사준 자장면을 먹다가, 바로 앞 전파사에 걸린 라디오 키트를 보았다. 그 순간, 한마디로 나는 이성을 잃었다. 건전지도 없이 아무 곳이나 쇠붙이에 안테나선을 붙여만 주면 방송이 잡히는 그런 것이었다.

그날 내 마음을 송두리째 빼앗았던 그 괴물의 이름은 '광석라디오'였다. 나는 부모님을 졸라 결국 300원을 주고 라디오를 샀고, 더 이상 책 읽고 독후감 쓰기를 포기했다.

# 내 인생을 바꾼 한 권의 책

등에 진 가을 햇살이 유난히 따가웠던 어느 날, 우리 집에서도 추수에 한창 바빴다. 그날은 탈곡기로 벼 이삭을 터는 타작 날이었다. 재미있는 것은 한 움큼 볏단이 탈곡기 촉수에 많이 닿을 때와, 조금 덜 닿을 때 들리는 소리가 달랐다. 한쪽을 털고 난 후 다른 쪽을 털기 위해 잠시라도 기계와 볏단 사이가 멀어지면, 그 소리는 곧 바뀌어 '아-롱 아-롱' 하는 소리로 들렸다.

그래서 동네 아이들은 탈곡기를 '아롱'이라고 불렀다. 새 볏단을 들이밀면 그 소리는 더욱 거칠어졌고, 그럴수록 마당 가운데는 벼가 쌓여갔다.

내가 아버지를 돕는 일은 멀리까지 튕겨 나간 벼 낟알을 빗자루로 쓸어, 마당 한가운데로 모으는 작은 일이었다. 그러나 그날 따라 머릿속은 온통 다른 생각으로 가득했다. 그것은 다름 아닌 우체부(집배원)를 기다리는 일이었다.

며칠 전 과학 잡지에서 '아마추어 무선햄.Ham'이라는 기사를 보고, 알 듯 모를 듯한 무선교신 이야기에 내 마음을 빼앗겼다. 그리고 그날로 우체국에 달려가 과학 잡지의 광고에 실렸던 <아마추어 무선 이야기 (HM1AJ 조동인 저)>라는 책을 주문하였던 것이다. 그때부터 그 책에 실려 있을 내용을 상상하느라, 가슴이 쿵쾅쿵쾅 뛰는 묘한 기분에 사로잡혀있었다.

주변에 보이는 것이라고는 논과 밭과 파란 하늘뿐인 시골 생활에서, 무선통신은 아득한 미지의 세계였다. 라디오와는 또 다른 세상일 것임이 분명했다. 마치 무언가를 새로 발견할 것 같은 기대감이 내 마음을 풍선처럼 부풀게 했다.

손가락을 꼽아보니 이르면 그날, 늦으면 다음 날이 도착할 날짜였다. 그럼에도 아침부터 우체부를 기다리느라 설렛고, 시간은 더디게 흘렀다. 그 때문에 그 잘난 작은 일도 손에 잡히지 않았다.

눈이 빠지도록 기다렸던 우체부 아저씨는 점심시간이 지나서야 모습을 나타냈다. 곧 우리 집 쪽으로 자전거의 핸들을 트는 게 보였다. 얼마나 반가웠는지 생각할 겨를도 없이 달려가서 책을 받았다. 그 자리에서 읽기 시작했다. 책은 한 장 한 장 넘길 때마다 그림처럼 한눈에 쏙쏙 들어왔다.

전 세계 같은 취미를 가진 사람들끼리의 무선통신 체험담, 그리고 교신으로 싹튼 우정과 에피소드는 나의 호기심을 가득 채우고도 남았다.

그냥 한달음에 다 읽어버렸다. 시간이 얼마나 흘렀는지 모른다. 빗자루는 팽개친 채 말이다.

어렴풋한 기억이지만, 초등학교 바른생활 교과서에 실렸던 '난치병을 앓고 있는 환자에게 무선통신으로 페니실린을 공수하여 생명을 구했다'는 이야기가 떠올랐다.

그날 이후 그 책을 목차에서부터 지은이, 출판사가 나오는 맨 뒷장까지 몇 번이나 읽고 또 읽었는지 모른다. 분명 새로운 그 무엇이 내 앞에 서 있는 것이었다. 푹 빠졌던 것이다. 지금 생각해도 짜릿한 중학교 1학년 때의 기억이다.

# 중학생, 방송에 출연하다

　　　　　　　　　　이때부터 나의 진로는 오로지 '무선통신'으로만 굳어져 갔다. 자나 깨나 무선이었다. 용돈이 생기면 가장 먼저 전파사를 찾았다. 당시 읍내 전파사에는 일제 단파短波라디오가 종종 있었다.

　아마추어 무선사들의 대화를 들으려면 반드시 그것이 필요했다. 그래서 고장 난 라디오, 중고 라디오를 사들이기 시작했다. 과학 잡지도 정기구독으로 바꾸었다. 처마 밑 빨랫줄은 안테나로 둔갑했다. 학교에 다녀오면 수신기 스위치를 먼저 켜고, 책가방을 내려놓았다. 무엇이든 사 가지고 오면 부수고, 조립했다. 공부방은 점점 고물상이 되어갔다.

　서울에 있는 아마추어 무선연맹을 찾아 우편으로 회원 가입을 했다. 전용 봉투도 인쇄하여 썼다. 형님댁에서 학교를 다녔기

때문에 내 이름 앞에 '＊＊＊씨방'이라는 문구를 넣었다. (어린아이들이, 아주 우스운 기억이다)

'뿌-'하고 강한 소리가 나던 버저를 '브르브르'하는 부드러운 소리가 나도록 제작했다. 그 경험을 전자과학 잡지에 투고했다. 그 기사를 보고 인근 한전에 다니는 어떤 이가 연락을 해왔다. 그는 중학생인 나를 시내 한정식집으로 데려가, 식사를 사주며 정성껏 대해 주었다. 그 자리에서 우리는 시간 가는 줄 모르고 서로의 관심사에 대한 정보를 교환했다.

그러고 보니 주위에는 물론이고, 내가 사는 도道내에 아마추어 무선을 하는 사람이 없었다. 그렇게 안타까울 수가 없었다.
궁리 끝에 이웃 충주시市에 위치한 MBC 지방 방송국에 편지를 썼다. '~이러이러한 취미가 있는데 우리 지역은 불모지이고~ 아무튼 알려야겠다.'라는 요지의 내용이었다. 그 결과 초대석 프로그램에 출연하게 되었고, 인근 지역에서 두 명의 지망생을 찾아냈다.

그런데 지금 생각해도 맹랑한 것은, 당시 인터뷰에서 나는 중학생임을 밝히지 않았다. 그냥 제천 중학교에 있다고 했다. 아마도 어린 마음에, 어린 것을 보이기 싫었던 것 같다. 청취자들이 학생 목소리를 어떻게 들었을까?

한편 형님이 ＊＊양회에 취직하면서 평소 갖고 싶어 하시던

릴 녹음기를 구해 왔다. 릴 녹음기라면 별로 유쾌하지 않은 기억을 가지고 있던 나였지만 호기심은 어쩔 수 없었고, 나는 그것을 실컷 만질 수 있었다.

# 모스 부호로 읽히는 세상

칼 융이라는 정신철학자의 책을 읽었다. 그는 '집단 무의식'이라는 개념을 창시했던 분이다. 많은 사람의 정신 속에는 공통으로 고민하는 부분이 있다는 것이다. 고민뿐 아니라 즐거움도 공유한다는 것이다. 그의 생각에 나는 적극 동의한다. 그가 이런 말도 했다.

- 새로운 것의 창조는 지능이 아니라 내적 필요에 의한 놀기 본능을 통해 달성된다. 창의적인 사람은 자신이 사랑하는 것을 가지고 놀기 좋아한다.

나는 무선통신을 가지고 놀기를 좋아했다. 그것과 함께 놀기를 최고의 유희로 여겨왔다.

무선통신에 빠지면서 그 불길은 전혀 뜻하지 않은 곳으로 튀었다. 자퇴하고 싶다는 생각이었다. 도대체 어느 세월에 중학교를 졸업하고 고등학교를 갈 것이며, 그렇다면 진정 나의 갈 길은 요원해지고 말 것이라는 조바심이 부채질했다.

그러나 부모님께서 자퇴를 허락해 주실 리 만무했다. 방법이라면 가출밖에 없었다. 내 머릿속은 집에서도, 학교에서도 오로지 가출만이 살길이었다. 그보다 좋을 것은 없을 것 같았다. 가출을 꿈꾸다, 가출을 하다, 서울전파학원에 입학한다, 그리고 친구들에게, 가족에게 편지를 쓰는 상상까지 하게 되었다.

끝내 이루지 못한 일이 되고 말았지만, 내게는 무척이나 길게 느껴졌던 첫 번째 열병이었다.

이번에는 모스 부호(무선전신)가 배우고 싶어졌다. 그것도 체계적인 교육과정에서 제대로 배우고 싶었다. 그러려면 원양어선을 타는 선원이 되어야 할지도 모른다는 생각도 했다.

고등학교 입학원서를 써야 하는 시기가 다가오고 있었다. 서울은 연합고사 지역이라 응시할 수 없었다. 통신과가 있는 경기도 부천 소재의 학교를 찾아냈다.

<부천공업고등학교 통신과>

나를 위한 학교였다! 너무나 반가웠다.

두말할 것 없이 지원했다. 내게는 당연한 선택이었다. 그리고는 햄 동호인을 찾아 '부천지역에 하숙집을 알아보아라, 구해 보아라.' 재촉했다. 그때 하숙집을 구해 준 사람은 나중에 알고 보니 예비학교 선배였다.

입학원서를 꾹꾹 눌러 정성껏 작성했다. 1지망 통신과, 2지망 전자과. 당시로서는 파격이었다. 통신과를 1지망으로 지원하는 학생이 많지 않던 때였다. 그래서 과에서도 주목을 받기 시작했다.

　입학 후 그토록 배우고 싶었던 모스 부호를 원 없이 외우고 배웠다. 길을 걸어갈 때도, 버스를 타고 갈 때도 거리의 간판은 모두 부호로 읽었다. 시간이 지나면서 실력이 늘자 버스보다는 전철을 타며, 빠른 속도로 읽는 재미를 붙였다.

　부천 시내 모든 간판이 주인도 모르는 사이, 돈쯔돈돈 …부호로만 읽히고 있었다.

# 내 동생, 기죽지 말아라

돌이켜보면 부모님도 내가 하려 했던 일에 대해 전폭적으로 지원해 주셨다. 고등학교 입학을 하기 전, 나는 충청북도 땅을 벗어난 적이 없었다. 그런데도 내가 가고 싶다는 학교를 위해 객지로 보내 주셨다. 그것도 혼자 떠났다.

내가 유학 보따리를 싸서 동구 밖으로 나올 때, 보따리는 아버지께서 지게로 날라 주셨다. 그리고는 헤어졌다. 굳이 읍내 버스터미널까지 나오지 않으셨다. 그냥 그런 줄 알았다. 그때 아버지가 돌아서시며 처음으로 눈시울을 붉혔다는 것을, 나중에 어머니에게서 전해 들었다.

부친께서는 내가 군 생활을 하던 중 작고하셨다.

시를 좋아하는 나는 특히 박용래 시인을 좋아한다. 그의 <꿈

속의 꿈>은 아버지가 생각날 때마다, 고향이 떠오를 때마다 저절로 입안에서 읊어지는 시이다.

### 꿈속의 꿈
　−박용래

　　지상은 온통 꽃더미 사태인데
　　진달래 철쭉이 한창인데
　　꿈속의 꿈은
　　모르는 거리를 가노라
　　머리칼 날리며
　　끊어진 현 부여안고
　　가도 가도 보이잖는 출구
　　접시물에 빠진 한 마리 파리
　　파리 한 마리의 나래짓여라
　　꿈속의 꿈은

　　지상은 온통 꽃더미 사태인데
　　살구꽃 오얏꽃 한창인데

아버지가 나를 배웅하실 때의 시골 풍경이 선연하다. 이 풍경은 영원히 잊히지 않을 것이다.

초등학교 6학년 겨울방학으로 기억한다. 스케이트가 본격적으로 보급되면서 썰매가 퇴출되는 그런 시점이었다. 마을 청년들이 논에 틀어댄 물은, 어느 해 겨울보다 반질반질하게 잘도 얼었다.

다른 집 아이들은 초겨울이 되자마자 스케이트를 샀다. 나는 스케이트를 기대하기 어려운 가정형편이었다. 나만 못 샀다. 아니, 사실은 조금 늦었다고 해야 할 것이다.

12월 31일, 그해 마지막 날이었다. 읍내에 계신 형님이 나를 불렀다. 그리고 체육사로 데려갔다. 다른 아이들은 4,500원짜리 스케이트를 사서 한창 폼 잡고 있을 때였다. 당시에는 그 가격대 제품이 표준이었다. 그런데 형님은 내게 8,000원짜리 스케이트를 골라 주었다. 기죽지 말라는 것이었다.

서울로의 유학은 형님 내외의 지원이 절대적이었다. 내 기억에 형님의 입사 초기에는, 월급의 절반 가까이 내게 주셨던 것으로 알고 있다. 여러 조카로 살림살이가 풍족할 리 없던 시절이었다. 내가 5만 원이 필요하다고 말하면 형수님은 5만 5천 원을 주셨고, 5만 5천 원이 필요하다고 하면 6만 원을 주셨다.

# 나에게는 자랑스러운 형님이 계십니다

얼마 전, 형님댁에 다니러 가서 앨범을 뒤적이던 중 우연히 형님의 197*년 3월분 월급명세서를 찾았다. 도트 프린터로 인쇄된 옛날 양식의 명세서였다. 그때는 내가 고등학교 1학년에 입학한 해였다.

무려 40여 년 만에 알게 된 놀라운 사실이었다. 당시 형님의

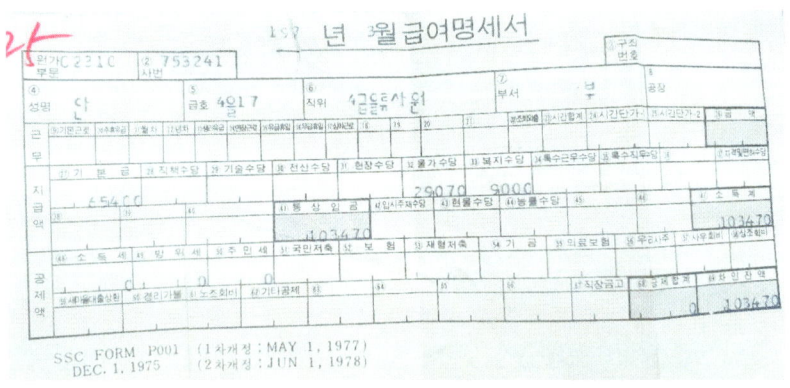

월급명세서

월급은 기본급 65,400원, 물가수당 29,070원, 복지수당 9,000원 통상임금(차인잔액) 103,470원을 받았던 것이다. 나의 머릿속이 하얘졌다.

그것뿐이 아니었다. 같은 해 5월 중간고사가 있었는데 전기통론 시험과목에서는 반드시 공학용 전자계산기가 필요했다. 당시 나는 아무 생각 없이 계산기가 필요하다며 말씀을 드렸고 형님은 회사를 결근하면서 시험 날 새벽 충북 ＊＊에서 기차로 출발하였다. 그리고는 세운상가에 들러 계산기를 사 가지고, 시험 시작 전까지 학교에 도착하셔서 계산기를 전해주셨다. 계산기(기억난다. 소니 FX3100) 가격이 3만 원. 월급의 1/3에 육박했으니 엄청났다.

사실상 매월 월급의 절반 이상, 때로는 60-70%를 주셨던 것이다. 물론 형수님, 형님께서는 아무런 말씀 없이 나에게 주셨다. 그런 만큼 철없던 나는 부족함 없이 학교생활을 마칠 수 있었다. 지금으로부터 수십 년이 지난 내 어린 시절의 나 혼자 행복할 수밖에 없었던 이야기이다. 사실 나는 우리 형님에 대한 고마움은 다시 말하고, 또 해도 부족함이 없다고 생각한다. 내 주위에서도 내가 이런 이야기를 할 때면 모두가 숙연해질 만큼 형수님, 형님께 감사하고 있다.

우리 형님은 대한민국 명장(전기분야, 품질분야) 2관왕이다. 다른 명장들도 2관왕이 있을지 모르겠지만 내가 알고 있는 명장 2관왕은 형님뿐인 것으로 알고 있다. 내가 자랑스럽게 생각하고 존경하는, 또 하나의 이유이다.

나는 이 이야기를 친구들에게 못한다. 공연히 남의 집 형제 싸움 붙이기 딱 좋은 케이스이기 때문이다. 그저 나 혼자 안고 가야 할 소중한 은혜이며 추억이다.

# 안교신交信, 무선국장이 되다

"CQ CQ (누구든지 찾습니다), 여기는 호텔 리마 투 알파 알파 쿼백, 듣고 계신 HL(한국) 스테이션 계시면 응답 바랍니다."

"네, 여기는 HL5＊＊...부산입니다."

그날의 짜릿함은 지금도 잊을 수 없다.

다른 햄들이 교신하는 것을 듣는 것으로 만족해야 했던 안타까움을 던지고, 체신부(현, 과학기술정보통신부)로부터 정식으로 무선국 허가장을 받은 날이다. 1학년 가을에 자격시험을 치르고, 그다음 해 개인무선국을 개국하게 됐다. 그토록 바라던 '국장님'의 꿈을 이루었던 것이다.

그때도 자취방에는 언제나 진공관 수신기가 따라다녔음은 물

**개인 무선국 허가장** – 다른 햄들이 교신하는 것을 듣는 것으로 만족해야 했던 안타까움을 던지고, 체신부 (현, 과학기술정보통신부)로부터 정식으로 무선국 허가장을 받은 날이다.

론이다. 용돈을 모아 군용 무전기를 개조한, 당시 저가 장비로 꽤나 유명했던 '핸트론'을 구입했고, 하숙방에서 무선 송신기를 직접 제작하기도 했다.

학교에서는 무선클럽을 조직하여 당시 2백여만 원의 지원금도 받아냈다. 그리하여 수도권 고등학교에서는 처음으로 단체무선국을 설치하고, 당국의 허가도 받았다. 개국식에는 그동안 사귀어 온 무선사들이 대거 학교 무선국을 방문했다. 전국의 아마추어 무선사들은 무선전파로 축하 메시지를 날렸다. 학교에서 다시 맛보는 꿈같은 시간이었다.

하숙집에 설치된 개인 무선국보다는 학교 클럽 국局의 무선장비와 안테나 시설이 월등히 좋았다. 주말이 오기만을 기다렸다. 토요일이면 도시락을 싸 갖고 밤새워 교신에 빠졌다.

전파 특성상 초저녁에는 동남아, 자정쯤에는 유럽, 아프리카

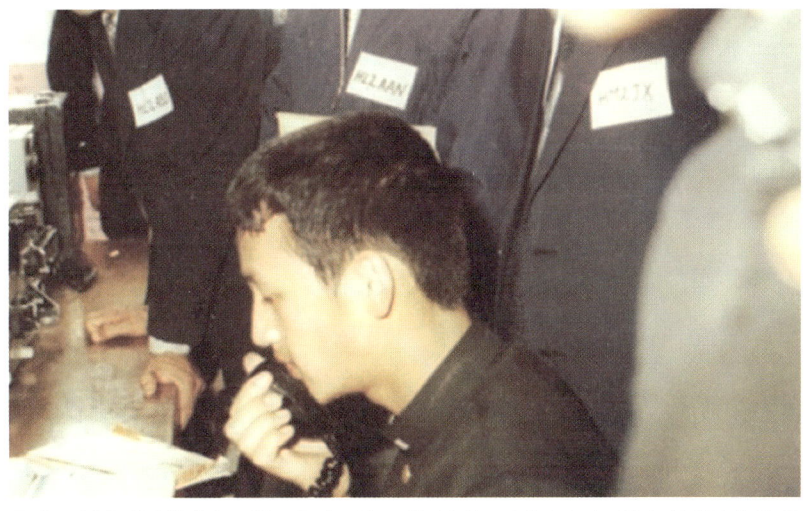

**클럽 무선국 개국식에서** – 학교 클럽무선국 개국식 날. 마이크를 잡고있다. 축하하러 온 무선사들이 지켜보고 있다. 내 나이보다는 두 배 이상의 손님들이 대부분이다.

와 교신이 이루어졌다. 새벽녘에는 남미 신호가 거짓말처럼 잘 들려왔다. 아침에는 꾀죄죄한 모습으로 학교를 빠져나오는 일이 반복됐다. 언젠가 담당 선생님께서 "이름을 안교신安交信으로 바꾸어라."라고 하시는 말씀에 교실이 웃음바다가 된 적도 있다.

수업에 빠져도 안교승을 부르면 "무선국요." 하면 출석 체크가 자동으로 됐다. 한 번은 하숙집에서 연탄가스를 마시고 쓰러져 결석했는데도, 출석한 것으로 되어 있었다. 죽어 없어져도 출석만큼은 문제없었다.

웬만한 대학보다도 빨랐던 우리 클럽국은 서울 인근 대학 축제 때도 무선장비를 지원해 주었을 정도였다. 이후 자매결연 회사에서의 추가 예산지원으로, 무선설비는 더욱 막강해졌다. 세상에 부러울 것이 없었다.

# 우체국 사서함 9호

햄들끼리 첫 교신을 하면 주고받는 우편엽서 크기의 카드가 있다.

'QSL'

자신의 무선국 명함과 같은 것인데, 서로의 교신을 증명하는 의미로 교환한다.

국내의 경우에는 카드를 받는 데 오랜 시간이 걸리지 않지만, 외국의 무선사로부터 받으려면 상황이 달라진다. 짧게는 한 달, 길게는 몇 달 혹은 1년이 넘게 걸리기도 한다. 자취방, 하숙집을 수시로 옮기는 학생으로서는 낭패가 아닐 수 없다. 귀중한 카드를 제대로 받을 수 없기 때문이다.

고민 끝에 우체국 사서함 담당자를 찾아 사용인가를 요청했다. 그랬더니 학생이 무슨 사서함을 쓰냐며, 회사나 단체가 아니

**QSL** – 첫교신을 기념하는 QSL카드. LB로 시작하는 것이 노르웨이, DL로 시작하는 콜사인이 독일이다

면 곤란하다는 것이었다. 그대로 물러설 수는 없었다.

다음날 무선국 허가장과 카드 샘플을 들고 다시 찾아 매달렸다. 버티기 작전 끝에, 결국 사서함 번호를 부여받았다. 고마웠다.

그 후 여러 차례 이삿짐을 싸면서도, 해외에서 들어오는 카드와 우편물을 아무 탈 없이 잘 받았음은 물론이다.

# 전국에서 편지가 쏟아졌다

 월간 〈학생중앙〉지에 '햄' 소개 기사도 썼다.

'소금에 절인 돼지고기만 햄이 아니다, 아마추어 무선사도 역시 햄이다.'라는 제목으로 에세이를 발표했다. 전국에서 편지가 쏟아졌다. 한동안 매일 3, 40여 통씩의 편지가 배달됐다. 나중에는 번지수를 쓰지 않은 우편물도 배달될 지경이었다. 원천징수로 세금을 공제하고 받은 원고료 8,200원은, 회신용 우푯값으로 턱없이 부족했다. 편지가 너무 많아 일일이 답장을 쓸 수도 없었다. 학교에 가서 답신 편지를 수백 장 등사하여 보냈다. 그 인연으로 지금껏 계속되는 친구도 있다.

방학 때 시골에 다녀왔더니, 하숙방 룸메이트들이 킬킬댔다. 무슨 일인가 했다. 자초지종 들어보니 여학생들에게서 온 편지에 답장하고, 빵집에서 만나기까지 했다고 했단다. 사진이 틀리지 않느냐 묻기에 "어떤 바보가 실제 사진을 냅니까?" 하고 넘어갔다며, 진실성이라고는 조금도 보이지 않는 용서를 구했다.

'지나가다 높은 굴뚝만 보아도 내 안테나를 저 꼭대기에 올렸으면' 한다는 이야기를 다시 써서 햄 연맹지에 투고했다. 그 원고는 대학교에서 신입생 동아리 소개 홍보용으로 쓰이고 있었다.

**학생중앙 기사** – 고2 때 '학생중앙'에 실린 [햄] 소개 기사.

# 큰 애들(?)하고만 놀았다

학교로 찾아오는 사람은 모두 양복 차림이거나, 나보다 훨씬 나이가 많은 사람들이었다. 돌이켜 보면 중2 때부터 그런 조짐이 있었던 것도 사실이다. 그들은 제과점보다는, 다방으로 데려가 이야기를 나누었다. 그곳에서 우리는 주로 햄과 관련한 여러 가지 정보를 주고받았다. 다른 화제는 없었다. 오로지 햄에 관한 이야기뿐이었다.

거기에서부터 나의 고객과의 상담이 시작되지 않았나 생각해 본다. 고객과 공감대를 형성하려는 분위기를 그때 터득한 것 같았다. 돌아보면 나는 벌써 어른이 다 된 느낌으로 지내온 듯했다.

지금도 내가 만나는 사람 중에는 예닐곱 살 이상씩 차이 나는 이들이 상당히 많다.

한편으로, 절친하게 지내는 후배가 많지 않다는 점에는 솔직히 마음이 무겁다. 그런데 보안사업을 시작하고부터는 사정이 조금 달라졌다. 사업 초기만 해도 오히려 나이 적은 내 입장이 부담이 되었기 때문이다. 민감한 업무를 한다며 대기업을 드나들면서, 너무 어리면 상대에게 신뢰를 주기 어려울 것 같아서였다. 그때는 오히려 나이가 더 많아 보였으면 싶기도 했다.

어느덧 어리고 젊은 모습은 고사하고 "아니 어느새 그리 흰머리가 많아지셨습니까. 우리가 만난 지 얼마나 되었다고…." 라는 클라이언트의 인사에 곤혹스러울 때가 한두 번이 아니다. 세월은 못 속인다더니. 나도 어느새 청춘을 지나버린 나이가 된 것이다.

소설가 서머싯 모옴이 이런 말을 했다.

―인생이 힘들다고? 그렇지 않다! 우여곡절도 겪고 발버둥치기도 하며 항상 바빴지만 그럴만한 가치가 있었다. 내가 내 자식들을 둘러볼 때면. 아! 인생은 백 배쯤 더 그럴만한 가치가 있는 것이라 말하게 된다.

내가 좋아하는 <인간의 굴레>를 쓴 서머싯 모옴은 인생을 이렇게 간명하게 표현했다. 아무리 힘들어도 그만한 가치가 있는 것이 '인생'이었다.

첫 출근을 했던 회사는 유선 데이터 전송 장비를 주로 생산했다. 통신장비의 기본을 익힐 수 있는 기회였다. 회사에서 하는 일은 점차 익혀 나갈 수 있었다. 시간이 지나면서 회로기판을 설계하는 기법도 배우게 됐다. 내게는 어려운 일이었다. 그래도 열심히 배웠다. 그 일은 개발업무를 하기 위한 기초단계였다.

그리고는 얼마 후, 무전기를 생산하는 회사로 간다며 그만두었다.

다음 날, 서울 광진구 구의동으로 출근했다. 앞서 근무했던 회사보다는 규모, 시설, 급여 등 모든 것이 열악했다. 그래도 내가 그토록 좋아하는 무전기를 개발하고 생산한다는 기대에, 열심히 근무하겠노라고 마음먹었다.

회사에서 중식 제공은 기본이었다. 첫날 출근해서 이런저런 오전 일과를 마치려는데, 부장이 나가서 라면을 사 오라고 했다. 그런가 보다 하고 사 왔더니, 이번에는 노란 양동이에 물을 끓이라는 것이다. 들여다보니 전기통신 일해서 밥 먹고 산다고, 양동이 바닥에 굵은 히터가 덮개도 없이 걸려 있었다. 그것이 라면 끓이는 용기였다. 히터에는 라면 줄기가 엉겨 붙어 있었다.

그렇게 하루 점심을 보냈다. 그럴 수도 있지. 그런데 다음 날도, 그다음 날도 똑같이 되풀이되는 중식 제공이었다. 나는 더 이상 말하지 않고, 라면 물 받는다며 양동이에 수도꼭지를 틀어 놓고 나와 버렸다.

그런 후 지금까지도 연락을 취하거나, 3일치 일당을 내놓으라는 소송을 제기하지는 않고 있다.

며칠 후, 대한전선 그룹 계열 <＊＊전자 개발실>에서 사원 모집이 있었다. 일단 지원했다. 입사에는 무선통신 취미 활동과 앞서 배운 회로기판 설계 경험이 큰 도움으로 작용했다. 그 회사는 전화국에 설치되는 장비를 개발하고 납품하는 대기업이었다. 유선 통신망 설계 기술을 체계적으로 이해하는 데 많은 공부가 됐다.

몇 달 후 코엑스에서 진행된 국제무역박람회를 앞두고는, 두 달 이상 야근과 특근을 했다. 신제품 출시를 위해 무척 바쁠 때였다. 그때 일을 많이 배웠다. 그랬던 만큼 월급봉투도 두둑했다. 열어보았더니 무려 16만 원이나 됐다.

바쁜 일이 서서히 끝나면서 다시 정상적인 업무로 되돌아왔다. 그러나 여기서 나는 잠시 딴생각을 품게 됐다. 일과 후 시내 유흥가의 음악다방 DJ를 맡기로 한 것이다. 낮에는 장비 개발, 밤에는 음악 디스크자키.

토요일과 일요일은 '오버나이트'라며 밤을 꼬박 새웠다. 피곤이 겹치고 리듬이 깨지기 시작했다.

더욱 심각했던 것은 업무를 해야 하는 낮 시간에도, 마음은 온통 저녁 시간 뮤직 박스에 가 있었다. 오늘 저녁 멘트는 무엇으로 시작한담? 그래 이거다… 생각나는 대로 메모를 해댄다. '모래알 같이 수많은 사람들….'

두 달이 지나면서 시간대가 골든타임(19:00-21:00)으로 옮겨졌다. 그러나 직업으로 할 것이 아닌 다음에야, 도저히 더 이상

할 수가 없었다. 무엇보다 회사가 문제였고, 나 자신도 혼란스러웠다. 결국, 좋은 경험으로 간직하기로 하고 다시 회사로 돌아왔다.

그 후, 나는 국가 기간통신망의 디지털화를 앞당긴다는 거창한 프로젝트를 걸고, 남산에 소재한 <한국전기통신연구소(현 한국전자통신연구원. ETRI)에 파견 근무를 시작했다. 큰 틀의 유선통신망 관련 고급기술을 그때 배웠다.

당시 나는 소주를 꽤 좋아했다. 남산에서 5시에 퇴근하여 부천에 도착하면 6시 30분. 역 주변의 포장마차가 막 연탄불을 지피고 있을 시간이었다. 오이 안주에 소주 한 병을 시켜 마시고, 친구들 오고 안주 나오면 한 병 더 마시고, 국수 한 그릇 말아먹고 자취방으로 향하는 일과가 매일 반복됐다.

# 필승! 공군이 되다

어느덧, 나도 군대를 가야 할 날이 다가왔다. 나는 자원입대를 알아보고 준비했다. 공군에 지원하고 싶었다. 그리하여 공군 본부 통신대대로 가게 됐다.

여기서 잠깐, 남자들이 가장 많이 하는 이야기가 '축구'와 '군대'라서 나도 반복하게 됨을 양해 바란다. 공군 생활 이야기를 하지 않을 수 없다.

한번은 이런 일이 있었다. 내가 군기를 담당할 때다. 신병이 배속되어 우리 부대에 왔다. 내무반에서의 내 위치가 신병 담당이었다. 얼차려도 주고 했을 때였다.

한참을 지나서, 그때 얼차려 받은 한 후임병이 뒤늦게 내 이야기를 꺼냈다. 그는 신병으로 오자마자, "필승! 안 상병님"하고 경례를 붙여왔다.

내 명찰을 보고 알아봤다고 한다. 알고 보니 고등학교 때 학생

중앙에 원고 나간 것을 보고, 편지도 하며 나를 한번 만나기까지 했던 인연이 있는 후임이었다.

그는 당시 중학생이었고, 그때를 계기로 대학교 전공을 통신공학으로 지원했다며 자신의 '열병' 이야기를 했다.

그리고 자기 인생의 절반은 내가 정해주었다고 말했다. 얼마나 미안하고 얼굴이 뜨거웠는지 고개를 못들 지경이었다. 나는 그에게 군 생활과 함께 통신을 가르쳐주게 됐다.

그리고 그 과정에서 쿠퍼의 '지식과 지혜'의 진정한 덕목과 개념을 배웠다. 이를 진정 깨닫게 해준 그에게 감사한다.

쿠퍼는 말한다.

―지식이란 자기가 그만큼 배웠다는 교만이고, 지혜는 자기가 더 이상 알지 못한다는 겸손이다.

해마다 4월이 되면, 우리 부대는 공군사관학교 졸업식 준비를 했다. 행사장 내 무선통신망과 방송 장비 운용이 주 임무였다.

그 당시 우리는 매우 특이한 경험을 했다. 그것은 4월 초, 서울에서는 피지 않는 진달래꽃을 조기에 피우는 것이었다.

연병장 주변의 모든 진달래 나무에 전구를 달고 밤새 불을 켜놓았다. 그리고 그것으로 부족하면 나무에 비닐을 덮어 내부 온도가 더 올라가도록 했다.

목표는 졸업식 당일 대통령 행사 시간에 맞추는 것이었다. 오전 11시 00분에 진달래가 만개하도록 조절하는 것이다.

진해 해군사관학교 졸업식에서 '이른 봄에 핀 꽃이 보기 좋다'라는 대통령의 한 말씀이 작용한 작업이었다. 서울에서는 진달래 의지와는 관계없이 강제로 피워내는 진달래였다. 제대 후에 군대 이야기하면서 증거물로 내놓을 생각으로, 비닐 덮인 진달래 꽃 사진 한 컷을 잘 찍어 두었다.

**진달래** – 오른쪽 길가에 비닐로 덮인 것이 진달래이다. 5월에 피는 진달래 꽃을 4월초에 피게 만들었던 증거물(?)로 찍어 둔 사진이다.

군 생활의 추억이 한 가지 더 있다.
대통령경호실에서 공사 졸업식 행사장 곳곳에 부착해 놓은 봉인용 스티커 한 장을 샘플로 채취하여 잘 보관해 두었다. 언젠가는 쓸지도 모르겠다면서 말이다. 그런데 지금 보안사업을 하면서 잘 참고하고 있다.

# 외치는 자의 소리

우리 부대 '무선정비실' 인원은 ＊＊명이었다. 근무지에서는 내무반보다 훨씬 인간적인 분위기가 만들어진다. 항상 같이 생활하는 데다 인원도 적고, 동일한 업무를 하기 때문이다. 그러나 아무리 좋은 분위기라 해도 군 생활을 하다 보면 선임, 후임 간의 불만은 쌓일 수밖에 없다.

그래서 우리는 공동으로 사용하는 노트를 만들기로 했다. <외치는 자의 소리>라는 멋진 제목도 붙였다. 익명도 좋았고, 실명을 밝혀도 좋았다. 쓰는 사람 마음대로였다. 모두가 여기에 글을 썼다. 사색도 하고, 책 읽은 후기도 썼다.

그리고 빼놓을 수 없는 것은, 서로에 대한 불만 표출과 자성을 요구하는 글들도 페이지를 채워 나갔다. 누군가 아쉬움의 속

내를 털어놓으면 그 글을 읽고 당사자로 생각하는 사람이 답 글을 쓰는 방식이었다. 그럴 때면 노트 속의 분위기도 자연히 썰렁해졌다.

어떤 논란에 대하여는 부대원 전원이 자기 생각을 내놓는 예도 있었다. 그런 후 각자 전역을 할 때면 한 권의 책으로 묶어 선물했다. 이 훌륭하고 멋있는 전통이 지금까지 이어져 오고 있는지는 알 수 없지만, 요즘도 가끔 꺼내 읽어보노라면 그때의 추억이 소환되면서 웃음이 저절로 나온다.

# 군 생활에서 찾은
# '놀라운' 보람들

부대 생활 1년이 지나면서 나는 본격적인 공부를 하기로 마음먹었다. 그것은 무언가 목표를 가지고 보내야만 될 것 같은, 조바심과 위기감에서 비롯됐다.

생각 끝에 유선 설비기사 자격증을 목표로 세웠다. 곧바로 시내에 나가서 응시원서를 접수하고 책을 사 왔다. 부대가 서울 시내에 있었기 때문에 틈날 때마다 외출을 했다.

그리고는 일과 후에도, 취침 시간에도 무척 열심히 공부했다. 점심시간에는 식당에 오가는 동안 외울 분량을 메모지에 적어 주머니에 넣고 다니며 외웠다.

막바지에 이르러서는 후임병 한 명을 불러 놓고 "다섯 권의 문제집 중에서 아무거나 질문해라"라는 자기 테스트도 이어졌다.

드디어 시험 날, 정문 앞에는 응시생들이 모여 있었다. 대학에서, 학원에서, 동기나 선후배가 커피를 끓여주며 격려해주는 끈끈한 풍경이 연출되고 있었다. 군복을 입은 나는 쓸쓸히 시험을 치렀고, 무난히 합격했다.

그런데 문제는 2차 시험이었다. 유선통신망을 설계하는 논술형이라고 하는데, 도무지 출제 경향을 알 수가 없었다. 이때가 2차 시험을 실기가 아닌 주관식으로 치르는 첫 시험이었다. 결국, 다시 외출을 나가 무작정 용산의 전자학원을 찾아갔다. 이번에는 현역 군복을 입고 나갔다.

강사를 만나 이번 2차를 치러야 하는데 좀 도와주십사 하고 간청했다. 군복을 입은 모습에 감격했던지, 강사는 자료를 꺼내 예상 문제와 망網 설계도면 등을 보여주었다. 복사는 해줄 수 없다고 했다. A3 용지 크기로 예닐곱 장쯤 됐다.

나는 글씨와 도면을, 각 1장의 그림으로 머릿속에 담아 올 작정이었다. 뚫어지게 보며 담고, 또 담아 즉시 부대로 들어왔다. 그때는 혹시라도 머리에서 새거나 흘러내리지 않을까 하는, 지금 생각해도 부질없는 걱정에, 다른 잡념 멀리하고 자료만을 떠 올리며 돌아왔다.

내무반에 들어오자마자 노트를 꺼내, 앞서 학원에서 살펴본 내용을 모조리 쓰고 그렸다. 저녁때가 되어서야 하나도 빠트리지 않고 모두 복원했다고 생각됐다. 보고 들은 것을 온전히 모두 토해 놓았다고 하면 될 만큼이었다.

다시 공부에 열중하였고 시험을 치렀다. '젖 먹던 힘까지.'라는 말은 그때 써먹으면 딱 좋을 것 같았다. 결과는 합격이었다.

나는 누군가에게 내 좌우명을 말하라면 이렇게 답하겠다.

―다른 사람과 비교하지 말고, 오직 어제의 자신과 비교하라.

사회심리학자 조던 피터슨이 한 말이다. <12가지 인생의 법칙> 중에서 나온 하나의 법칙인데, 그때의 내 마음가짐을 정확히 표현해 주고 있어서 몇 해 전에 마음에 새겨두고 있다. 나의 청년 시절, 특히 군 복무 시절의 내 마음 상태가 그러했다.

1986년 1월 1일. 다시 새해가 밝았다. 이제 가을이 오면 만기 전역을 하게 된다. 자격증 시험이 끝나고 나니 심심하고 무료했다. 무미건조하게 시간이 흐르고 있었다.

아무튼, 무언가 새로운 것을 또 찾아야겠다는 오기가 생겨나기 시작했다. 성격 탓이다. 고민 끝에 이번에는 '자동응답 전화기'를 제작해 보기로 했다.

당시 바깥세상에도 자동응답 전화기는 없었다. 전화기 부품을 구하고, 응답회로를 설계하고, 소형 녹음기를 연결하여 작동되도록 하는 것으로 구상했다. 내친김에 도난 경보기능도 같이 넣었다. 작업은 주로 야간근무를 자청하여 이루어졌다. 부품을 사러 청계천을 다녀오기 위해 외출은 밥 먹듯 해댔다. 케이스는 아크릴을 자르고 갈아서 그 위에 무늬목 스티커를 붙였다. 다이얼 가운데는 태극 마크를 넣는 것으로 디자인에도 신경을 썼다. 밤을 새우는 일이 반복됐다. 생각처럼 작동이 되어주지 않았기 때문이었다. 실패가 계속되면서도 자나 깨나 눈앞에는 완성된 전화기만이 아른거렸다. 전역을 2개월 남기고 드디어 완성됐다. 생각했던 만큼 작동을 잘해 주었다.

이번에는 과학지에 발표해야겠다는 생각이 스쳤다. 회로도를 정리하고 원고를 썼다. [다기능 자동응답 전화기] 제작 기사였다. 〈월간 전자과학〉에 기고하기로 했다. 당시 30년 역사를 가진 전문지였다.

11월호에 기사가 실렸다. 나의 프로필 소개에 '공군 병장, 아마추어 무선사'라고 적었다. 내가 쓴 원고는 잘 편집돼 나왔다. 나는 원고를 다시 살폈다. 완벽하지는 않지만, 그런대로 잘 쓴 원고였다. 몇 차례 흐뭇하게 기사를 읽었다.

보름을 앞두고 마지막 휴가를 나왔다. 원고료도 받을 겸 출판사에 전화했다. 무슨 일인지 기자가 만났으면 해서, 시내에서 만났다. 내용인즉슨 모 회사 사장께서 나를 소개해 달라는 것이었다. 그런 인연으로 나는 복직이 아닌 새로운 회사에 취직하게 됐다. 이후 사업을 한다며 퇴사할 때까지 3년 이상을 다니게 됐다.

군 생활, 그리고 그 직장에서의 경험은 나를 세상에 눈뜨게 해준 좋은 시간들이었다.

# 키워드 '무전기'를
# 너무 좋아했다

사업을 하겠다며 시골을 다녀오는 날 새벽, 기차역 가판대 신문이 눈에 확 들어왔다. 중앙일간지 1면 톱에 '일본방송, 한국 안방침투' 라는 제하의 기사였다. 일본 문화의 침투에 대한 우려를 담은 다소 부정적인 내용이었다. 하지만 문화개방이라는 것이 언젠가는 결국은, 이루어질 수밖에 없다고 판단한 나는 가슴이 뛰었다. 사업 아이템을 잘 찾았다는 느낌이었다.

그런데 회사에서는 사직서 처리가 되지 않고 있었다. CEO를 찾아 상의했다. 회사에서 차량을 내줄 테니 양쪽의 일을 모두 해보면 어떠냐는 제의가 나왔다. 나는 쉽게 동의했다.

그러나 세상일은 그리 호락호락하지 않았다. 두 가지 일 모두, 제대로 되는 게 없었다. 2개월이 지난 후 다시 그간의 고충을 전

버밍햄 기사 - 버밍햄에서 개최된 전시회 행사. 뉴스지 1면 톱에 우리가 개발한 장비(TEK2000)가 소개 되었다.

KOTRA 광고 - 무전기 수출 당시 우리 회사 제품들의 해외 광고(KOEX)

했고 사직서가 받아들여졌다.

위성안테나를 들여와 소비자에게 설치해주는 일은 생각보다 빨리 흥미를 잃었다. 단순 영업이기 때문이었다.

나는 본격적으로 무전기 생산을 하기로 했다. 앞서 반도체 영업을 하면서 만난 엔지니어들과의 미팅이 잦아졌고, 한 사람과의 의기투합이 이루어졌다. 개발과 영업이라는 역할 분담으로 사업은 빠른 속도로 진행되었다.

후발업체의 입장에서 먼저 기존 제품들의 벽을 넘어야 했다. 새로운 기능을 채용하여야 했고, 바이어들의 눈에 띄어야 했다.

당시 국내에서는 판매가 금지되어있던 생활 무전기는, 오로지 수출을 하여야 했다. 그러나 시장 규모는 상당히 컸다.

해외에서 사용이 허가된 무전기는 40채널을 사용할 수 있었다. 그러나 사용자들이 많아지면서, 채널마다 잡음과 혼신이 넘쳤다. 나는 이 채널 방식에 과감히 변화를 주었다. 당시 일본 제품 중에서도 아마추어 무선 장비에만 채용되던 1채널이 38채널의 효과를 가지게 하는 서브채널 톤 코드 기능으로 대신했다.

생산한 제품은 당연히 전량 수출하였다. 특히, 한정된 주파수 범위 내에서 동시 통화가능 채널을 획기적으로 확장시킨 신모델은 유럽에서 대단한 인기를 얻기 시작하였다. 카탈로그를 보내면 곧바로 샘플 주문이 이어졌다.

얼마 후, 드디어 나는 그간 내 꿈의 전부인 아마추어 무선용

장비를 개발해 냈다. 영국 버밍햄에서 개최된 전시회를 방문했더니, 우리 제품이 행사뉴스지 1면 톱에 장식되고 있었다. 그 소식은 삽시간에 업계, 바이어들에게 퍼졌다. 해외에서의 반향은 대단했다.

수출 물량이 늘어나면서 직원도 30여 명 가까이 늘어났다. 1-2년 정도만 잘 이겨나가면 무언가 이루어질 것 같은 예감이 보이는 듯했다.


개발실도, 생산부도 바삐 움직였다.

# 정상에 설 뻔하다

바로 그 시각, 서울에서는 우리를 견제하려는 움직임이 나타나기 시작하였다. 신생기업인 우리와는 비교조차 할 수 없는 1,000만 달러 수출 규모의 상대였다. 그들은 감당할 수 없는 공세를 퍼부었다.

가장 먼저 수천만 원씩을 주겠다며 순진한 연구 인력들을 모두 빼내어 갔다. 당시로는 엄청난 액수였다. 우리에게 부품을 공급하면 거래를 끊겠다며, 납품업체에도 압력을 행사하였다. 방해 공작은 집요하게 계속되었다.

그들의 목표는 '안교승安教昇이 무전기 일을 할 수 없도록 하겠다.'라는 소문이 들려왔다. 결국 미화 34만 달러의 L/C(수출신용장)를 손에 쥐고도 선적을 포기할 수밖에 없었다. 은행을 찾아서 해결될 일이 아니었다. 눈물을 삼켰다.

L/C – 결국 미화 34만 달러의 L/C(수출신용장)를 손에 쥐고도 선적을 포기할 수밖에 없었다. 은행을 찾아서 해결될 일이 아니었다. 눈물을 삼켰다

직원들은 뿔뿔이 흩어졌다. 미처 꽃을 피우기도 전에 회사는 공중분해 되고 말았다.

파산 초기, 어린 나이에 감당하기는 실로 벅찼다. 채권자들의 추적도 계속되었다. 어떻게 알아냈는지, 앞서 다니던 직장에 돌아와서 대책을 협의하는 중에도, 누군가 사무실로 올라와서 자동차 키를 빼앗다시피 가져갔다.

저녁으로는 가까운 친구 집으로 들이닥쳐, 화장실까지 뒤지고 다녔다. 정말 새벽이면 눈뜨기 싫은 날들이 계속되었다. 모든

것을 잃는 동시에 커다란 어려움이 닥쳐왔다. 견디기 힘든 고통이었다.

1,000원짜리 지폐가 생기면, 먼저 버스 토큰을 구입했다. 자동차마저 이미 넘겨진 상태였고, 교통편은 있어야 했기 때문이었다. 어딘가 연락을 위해 공중전화라도 걸려고 하면, 이번에는 동전이 없었다. 결국 주머니 속 토큰을 꺼내, 구입할 때보다 적은 금액의 동전으로 다시 바꾸어 사용하는 악순환이 되풀이되었다. '한계'와 '극복'이란 말을 그때 배웠다.

그리고 공자님의 말씀을 새기고 새겼다.

―지혜로운 사람은 당황하지 않고, 어진 사람은 근심하지 않으며, 용기 있는 사람은 두려워하지 않는다.

보증을 섰던 형님댁은 법원에서 찾아오고, 사진을 찍고, 경매 절차가 착착 진행되고 있었다. 모 대기업에서 우리 제품에 관심을 가지고 2,500만 원의 금형 투자를 했다가, 일을 할 수 없게 되자 안 하겠다며 회수에 나선 것이었다. 담당자를 찾아가 사정을 하고, 그 도움으로 유예도 받았지만 근본적인 해결은 되지 않았다. 끝내 가계수표로 분납하기로 하였다. 그 빚은 나를 대신하여 형님이 떠안고 그 후 오랫동안 갚아나갔다.

나는 두려웠지만 두렵지 않았다. 다시 일어서리라 자신을 믿고 있었다.

# 한계와 극복, 공기총을 구하다

꿈이 사라진 뒤 언젠가 나는, 당시 우리 회사를 위기로 내몰았던 경쟁사 사장의 얼굴을 꿈속에서 처음으로 보았다.

그리고 얼마가 지난 후 모 행사장에서 현실 속의 그를 다시 보게 되었는데, 놀랍게도 그 두 얼굴이 똑같았다. 온몸에 소름이 돋았다. 분노가 치밀어 올랐다. 아니 펄펄 끓어올랐다.

다시 얼마 후, 나는 조용히 공기총을 구입했다. 갑자기 사냥이나 다니려는 생각은 물론 아니었다. 그것은 나를 그토록 망가뜨린 사람에 대한 복수심에서 비롯되었다. 한때, 그런 일이 있었다. 내 나이 28살 때의 이야기이다.

아무리 되돌아보아도, 당시 내 생각에는 도무지 내 잘못이나 실수를 찾을 수 없었다. 도저히 인정할 수도 없었다.

　물론 그 당시 생각이었을 뿐이다. 세상을 더 크게 보는 눈을 가지지 못했을 때였으니까. 공기총을 구입하게 한 어린 마음은, 지금 삭였고 접은 지 오래되었다.

　존재 이유가 없어진 공기총은 십수 년 전 관할 경찰서에서 미련 없이 폐기 처분해 버렸다.

# 다시 무전기無電機로 돌아가다

서울 시흥동에 7평짜리 사무실을 다시 계약했다. 하고 싶은 일을 하려니 무전기를 떠날 수 없었다. 다시 돌아왔다. 그러나 개발하고 생산한다는 것은 엄두를 낼 수가 없었다. 다른 회사 업무용 무전기를 설치해주고, 허가 절차를 대행해 주는 일을 하기로 했다.

무전기를 주로 사용하는 곳은, 작게는 가스배달 집에서부터 건설 현장, 경비보안회사 등으로 한정되어 있었다. 그런 만큼 시장 규모도 작았다. 그러나 무전기는 언제나 자신 있었다.

정확하게 주파수를 세팅하고 안테나는 높고 길게, 케이블은 굵고 짧게 설치하면, 무전기는 최상의 성능을 발휘한다. 통달 거리가 가장 멀어진다는 뜻이다.

무전기 사용자 중에 멀리 도달하는 무전기 싫다는 사람은 단한 사람도 없다. 결국 그 같은 설치 노하우로, 입소문 끝에 많은 고객이 찾아왔다.

    영업이 비교적 잘 되었음에도, 용산전자상가에만 다녀오면 언제나 마음이 무거워졌다. 변두리에 있는 내가, 아직도 세상을 잘 모르고 있을 것이라는 불안과 조바심이었다. 우물 안 개구리. 속담이 문제가 아니었다. 내게는 현실이었다.

    1주일 고민 끝에 그 주 토요일 용산으로 이전했다. 보증금, 임대료 모두 무리였다. 1년만 장사를 배워 다시 변두리로 돌아가기로 하였다.

    그곳에 가서는 정말 물 만난 고기처럼 신바람 나게 영업을 다녔다. 옆 매장에서 무전기 2대, 3대를 노끈으로 묶어 설치공사 하러 다닐 때, 나는 봉고(승합)차 가득하게 백미러가 보이지 않을 만큼 싣고 다녔다. 모 대기업 전국의 레미콘 공장을 비롯하여, 신설되는 경비회사 전국 무선망을 모두 수주했다.

    그러던 중, 납품하는 경비회사가 부도를 냈다. 다시 한번 어려움이 닥치는 순간이었다. 내게는 약 8,000만 원이라는, 그때로서는 엄청난(물론 지금도) 금액이 걸려 있었다. 부도가 나던 날, 나는 모든 것을 포기하고 그 회사 담당자들과 함께 부도 선고를 기다려야만 했다. 모두가 망연자실한 상태였다.

    나는 아무런 생각 없이, 늦은 점심으로 자장면을 사주며 그들을 위로했다. 아니 서로를 위로하는 시간을 가지고는 집으로 돌아왔다. 눈앞에는 아무것도 보이지 않았다.

    부도처리 후 며칠이 지나 그 회사를 인수하겠다는 사람이 나타났다. 천만다행이었다. 새로운 회사에서 중역을 맡은 관리자는, 내가 일을 계속할 수 있도록 해주었다. 물론 앞의 부도 금액도 모두 인수해 주기로 했다. 그 관리자는 먼저 회사에서도 관리를 맡았고, 부도 처리되는 날 같이 자장면 먹으며 내가 위로했던 사람이었다.

그러나 봉고차 가득 싣고 전국을 다니며 설치공사를 해도, 도무지 빚은 줄어드는 것 같지 않았다. 밑 빠진 독에 물 붓는 것도 지쳐만 갔다.

갑자기 두통이 생기는 일이 잦아졌고, 그때마다 '펜잘'을 삼켰다. 아무리 머리가 아파도 약을 먹으면 흐릿하게나마 아픈 것은 잊을 수 있었다. 사무실 서랍에도, 자동차 안에도, 다이어리에도 내 곁 어디에도 항상 진통제는 충분히 있었다.

다이어리 안에다 이런 말을 적어둔 적이 있었나 보다. 어느 날 두통약을 먹으려 다이어리를 펼쳤는데, 이 문구가 눈에 박혀왔다.

―두려움이란 질문이다. 무엇이, 왜 두려운가? 질병 속에 정보가 담겨 있어서 건강의 씨앗을 찾을 수 있는 것처럼, 두려움을 자세히 살펴보면 자신에 대해 알 수 있는 정보의 보물 창고이다.

연초에 마음을 다잡기 위해 책에서 본 몇 사람의 조언을 적어두었는데, 그중 하나가 마릴린 퍼거슨의 명언이었다. 그 후 나는 두통약이 필요할 때마다 퍼거슨의 말을 떠올리며 진통제 없이 두통을 견뎌 나갔다.

# 택시기사를 지원하다

일도 열심히 했고, 영업도 소문 날 만큼 잘 되었다. 그러나 아무리 해도 끝이 보이지 않았다. 분명 어딘가 단단히 잘못되었을 것이라는 생각이 머리를 쥐고 흔들었다. 어떻게든 풀어야 했다. 그래야만 한 발자국이라도 더 나갈 수 있었다.

그때, 철학자 프리드리히 니체의 목소리가 들려와 나를 끌어주었다.

—먼 곳으로 항해하는 배가 풍파를 만나지 않고 조용히만 갈 수는 없다. 풍파는 언제나 전진하는 자의 벗이다.

그렇다. 지난 시간 곱씹어 반성하고 인생 공부를 더 하자. 모든 것을 떨치기로 하고 잠실 교통회관을 찾았다. 택시기사 자격시험을 치르기 위해서였다.

며칠 후, 자격증을 찾으러 가니까 집 근처 택시회사 총무과장이 기다리고 있었다. 인력난이 심했던 모양이다. 관련 서류를 전해주고 다시 쉽게 취직을 한 듯했다.

첫 출근 전날이었다. 택시회사에서 전화가 왔다.
"그런데 사장님이세요? 힘드실 텐데 정말 잘하실 수 있겠어요?" 아마도 집으로 전화를 했는데 '사장님은 외출 중'이라고 답했던 모양이다. 내가 택시회사 이야기를 안 했으니까.

회사에서의 전화는 나에게 다시 한번 생각을 하게 했다. '과연 옳은 길인가? 무엇이 어떻게 달라지나.' 하는 장고 끝에 다시 접었다. 이제 와서 이런 식으로 하겠다는 인생 공부, 이것도 내게는 또 다른 현실도피 그 이상은 아니라는 결론을 내렸다.

택시회사 출근이 도피는 아니지만, 내겐 뚫어야 할 길이 많이 있었다. 힘들더라도 그 길을 찾아야 했다.

# 처음부터 다시 하자

어느 날 밤, 지하 공장에 혼자 남아 앞으로 살날 걱정을 하고 있었다. 그때까지도 무엇 하나 깔끔하게 마무리된 것이 없었다.

밤늦게 형님에게서 전화가 왔다. 약주를 한 잔 하셨다. 아마 객지에서 고생하는 동생 생각에 마음이 무척 아프셨던 것 같다.

"집이 다 날아가도 괜찮다. 기죽지 말고 해라. 까짓것" 형님 목소리에도 고단함이 배어 있었다. 그러면서 "힘이 된다면 계속 도와줄 테니까. 열심히 해. 알았니?"라며 울컥 말을 맺었다.

힘내고 마음껏 해보라는 것이었다. 형님은 그때까지도 가계 수표를 갚고 있었다. 뜻하지 않은 형님의 격려 말씀에 나는 정말, 몇 년간 참아왔던 감정이 한꺼번에 격해졌다.

아버님 작고 이후 처음으로, 40평 지하 공장이 떠나가도록 실컷 울었다. 그간 형님에 대한 내 마음도 엎힌 가슴이었음은 물론이다. 형수님도 그때는 물론 지금까지도, 보증이나 집 경매 관련하여 내게 단 한마디 원망도 하지 않으셨다. 한참을 울고 났더니 뭉쳤던 속이 풀리고 기분이 좋아졌다. 기氣도 살아나는 것 같았다.

다시 날이 밝았다. 안테나 부품을 납품하는 회사에서 제의가 들어왔다. 휴대폰 중계기 설치 붐이 일었을 때였다. 공사를 해 보지 않겠느냐는 것이다. 내가 군에서 취득한 유선설비기사 자격증을 두고 한 말이었다.

나는 즉시 팀을 만들어 공사업에도 진출했다. 좀 되는 듯했다. 그러나 여전히 세상은 나로부터 멀리 떨어져 있었다. 한참 익숙해질 때쯤 외환위기가 닥치면서, 이동통신 사업자들의 투자위축으로 일감은 하루아침에 거품이 되고 말았다.

나는 그냥 소리 내어 웃었다. 자조를 조금 섞었다. 허허허

고대 그리스 철학자 소크라테스가 "넘어지는 것은 실패가 아니다. 진정한 실패란 넘어진 상태에서 그대로 머물러 있는 것을 말하는 것이다". 라고 했던가?

하나 더,

―희망은 어둠 속에서 시작된다. 일어나 옳은 일을 하려 할 때, 고집스런 희망이 시작된다. 새벽은 올 것이다. 기다리면서 일을 해 나가라. 절대 포기하지 말라.

앤 라모트의 격언에 내 생각을 덧붙인 글인데, 메모해 두고 기운이 빠질 때마다 꺼내 읽는다.

우연한 기회에 국문과 교수님을 만났다. 아무래도 보안전문가와 국문과 교수의 만남이 썩 어울리지는 않겠다. 그럼에도 분위기는 괜찮았다. 서로에게 관심이 많을 터였다.

대화를 나누던 중 "당신도 글을 한번 써보지 않겠는가?"라는 질문이 내게 던져졌다. "네? 글 말입니까?" "그래, 글을 한번 써봐." 그동안 내가 써 왔다는 글 이야기가 예기치 않은 방향으로 번지고 있었다. 살벌하게 보안이니 통신추적, 아니면 재미없는 전자설계 코너를 썼다지만, 약간 각도를 틀어보면 문학이 보일 수도 있겠다는 귀띔이었다.

특히, 여러 가지 전시회가 열리는 라스베이거스는 자주 다니게 되면서 나중에는 공항에 도착하면 내 고향 제천의 고속버스 터미널에 온 것 같은 기분도 느꼈을 정도이다.

그만큼 지불한 수업료도 컸다.

Part **4.**

# 보안인생은 프로인생이었다

# 두 번째 열병,
# 다시 〈글짓기 반〉으로

우연한 기회에 국문과 교수님을 만났다. 아무래도 보안전문가와 국문과 교수의 만남이 썩 어울리지는 않겠다. 그럼에도 분위기는 괜찮았다. 서로에게 관심이 많을 터였다.

대화를 나누던 중 "당신도 글을 한번 써보지 않겠는가?"라는 질문이 내게 던져졌다. "네? 글 말입니까?" "그래, 글을 한번 써봐." 그동안 내가 써 왔다는 글 이야기가 예기치 않은 방향으로 번지고 있었다. 살벌하게 보안이니 통신추적, 아니면 재미없는 전자설계 코너를 썼다지만, 약간 각도를 틀어보면 문학이 보일 수도 있겠다는 귀뜸이었다.

그렇게 해서 나는 잊었던 글쓰기에 대한 추억을 떠올리게 되었다. 그리고 그날의 그 추억은 얼마 후 내 삶에 커다란 변화를 예고하고 있었다. 글짓기 대회에 갔다가 어린 마음에 '광석라디오'에 온통 정신을 빼앗긴 이후 처음으로, '글'이란 말을 다시 들어보는 그런 느낌이었다. 어쩐 일인지 퍽이나 친근하게 다가오고 있다는 야릇한 기분이 들었다.

그런 만남이 있은 후, 우선 습작을 해 보기로 했다. 그러나 그간 몸에 밴 습성이나 성격상, 정서가 철철 흘러넘치는 그런 '시'가 써질 리 만무했다.

'시'를 한 편 썼다. 말이 '시'였지, 거기에도 도청, 감청이 난무했다. 도대체 어디다 써먹을 수 있다는 말인가. 그래도 괜찮으니 계속 써보라는 대답이 돌아왔다. 의사가 환자 마음을 보고 애절한 시를 쓰듯이, 보안전문가로서 그에 걸맞은 시를 쓴다면 거기에 의미를 둘 수도 있다느니 하는, 억지성 주문이 계속 들어왔다.

딴은 생각해 보니 그럴듯하기도 했다. '그래 일단 쓰고 보자. 나머지는 오랜 시간이 흘러서라도, 언젠가 내가 정서적으로 순화된다면 그때 저절로 해결될 것이 아닌가.' 하는 생각이 슬슬 밀려 올라오기 시작했다.

그렇게 4편을 응모했고, 문단에서 활동할 수 있는 계기가 만들어졌다. 이것은 그때 내 개인적으로 작지 않은 사건이었으며, 앞으로의 글쓰기에 대한 커다란 용기와 격려가 되어 주었다.

언론에서는 보안전문가가 시를 썼다며 다투어 소개하였다. 새로운 얼굴의 안교승을 세상에 내보이는 순간이었다.

## 우리를 기쁘게 하는 것들 외 4

안 교 승

여기는 내 생활 공간
주위를 둘러보면 모두가 나와 함께한 시간들로 묻어버린 때자욱
그리고 정겹기까지한 퀴퀘한 냄새
이곳에서 나를 느낀다.

진짜시계
그려지고 써지기만 하는 진짜만년필
앞만 보이는 순수한 안경
정말로 그림만 걸린 액자
책만 꽂힌 책장
라디오 방송만 들을 수 있는 라디오
TV방송 화면만 볼 수 있는 텔레비젼
그냥 비디오
벽 콘센트
믿을수 있는 전화기
꽃만 있는 화분, 그리고 받침대
뒷쪽까지 잘들여다 보이는 어항
회로기관이 들어있지 않은 자연산 물고기

메마른 현대사회에 노출된 처절한 우리들 삶의 전쟁
그러나 그속에서 남의 때묻지 않은 내것들…
그것은
진정 우리를 기쁘게 하는 것들이다
마음이 놓인다
그곳에서 나는 소박한 행복을 느낀다.

**시 2편(2001년 겨울/뿌리)** – 세상의 할 일 중에서 '보안'이라고 하는 정서라고는 눈꼽만큼도 찾아볼 수 없는 메마른 직업에 종사하면서 그래도 한가닥 붙잡고 싶었던 것이 자신을 지키려는 처절한 발버둥이었을까. 어쨌든 그래서 썼다. 쓰고 또 썼다.

# 불신畵

쉿!
끄덕

김 실장, 당장 나가 알아봐
나 퇴근한다.
메모지엔 쓰고 고개는 까닥

찔끔 눈도장
지하 주차장에 기사 대기시키라네.

라디오는 틀어놓고
비서는 인사하지마소
그것도 눈치

자- 사장실은 비었다.
아니지 비워도 안 비었다.

다시 인적없는 건물외곽
여보세요. 누가 도청하고 있어요.
세종문화회관 1층 커피숍에서 봅시다.

삐리리릭-
아니 그뒤편 벤치에 있지요.
감색와이셔츠에 붉은 넥타이.

세번째 장소에서야 만난
경직된 하얀얼굴, 숨막힌 얼굴
김실장은
오늘도 이렇게 때웠다.

# 소설을 쓰겠다며,
# 문예창작과에 입학하다

문제는 다른 곳에서 발발勃發했다. 신문기사의 압력이 아닌 스스로에게서 조짐이 있었던 모양이다. 어쩌면 아무도 모르게 내 안에서 혼자만의 싹을 틔워왔는지도 모른다. 그러나 그 기운이 감지되고 표면화된 것은 매우 갑작스러웠고 빠르게 진행되었다.

어느 새해 첫날,
글을 써야겠다며 문예창작과에 가고 싶은 욕망이 꿈틀거렸다. 이른바 두 번째 열병의 시작이었다. 그와 동시에 나는 관련 학과 정보를 찾았고 문단에서 최고로 알아준다는 '서울예대'를 목표로 정했다. 일단 목표가 마음에 들었다. 그리고 손가락을 꼽았다. 그렇다면 언제 입학을 할 것인가. 다시 한 번 생각할 때마다 1년씩 늦어진다는 계산이 나왔다.

당장 그해 봄 신학기에 입학하기로 마음먹었다. 무언가를 하겠다면 집요하게 파고드는 근성이 없지 않았지만, 이번에는 생각할 만큼 시간도 없었다. 하지만 무조건 일을 벌이고 보자는 작정이었다. 때마침 입학원서 접수도 며칠 남지 않은 시점이었다. 아무튼 그날 이후 합격자 발표 때까지 약 3주 정도는 머릿속에 온통 문창, 오로지 문창만이 맴돌고 있었다.

실기시험 다음 관문은 면접이었다. 안내를 맡은 문창과 2학년 학생이 줄곧 "아버님, 아버님!" 하고 따라다니며 도와주는 데는 정말 민망하기 짝이 없었다. 면접이 시작되었다.
"좋아하는 시집 다섯 권만 이야기해 주세요."
긴장 속에서 어떤 시집도 떠오르지 않았다.
"갑자기 생각이 잘 안 납니다."
"시에서의 거리를 설명해 보세요, 아이러니와 역설의 차이점은 무엇인가요?"
그날 면접을 마치고 맥이 쑥 빠졌다.

발표 날, 면접을 잘못 치른 생각에 가슴을 졸이며 학교 홈페이지에 접속했다. 수험번호 306○○○○. 합격이었다. 얼마나 기뻤는지 모른다. 벌써 작가라도 된 것 같았다. 그야말로 날개를 단 기분이었다.

학교는 주간 과정이므로 일과 시간의 대부분을 할애해야 했다. 큰일이었다. 어쩐지 산 넘어 산이라는 생각이 자꾸 되뇌어졌다. 할 수 있을까? 직원들과 간단한 미팅을 했다.
"일이 이렇게 되었는데 어찌할까요?"
"저희들이 두 배로 열심히 일할 테니 다니세요."
참으로 고마웠다. 그렇게 하기로 했다.

학교생활을 하면서 바뀐 것은 내가 책을 읽고 있다는 사실이다. 그것도 보안, 전자통신이 아닌 시집, 소설들을 말이다. 읽고 쓰지 않으면 못 견디는 수업 커리큘럼과 강의실 분위기가 그렇게 만들었다. 매일매일 쏟아지는 과제물 또한 만만치 않은 것들이었다. 아닌 게 아니라 같은 과 학생들 보면 정말 무섭게 책을 읽고 쓰고 있었다.

밤늦게까지 아르바이트하고 새벽녘까지 과제물 준비하고 학교 오는 전철 속에서 잠시 눈을 붙인다는 학생들도 많았다. 그들 모두 문학이라는 열병을 최소한 나보다는 더 지독하게 앓고 나온 사람들이었다. 어찌 보면 공부할 수 있는 시간은 그들보다 내가 더 많은지도 모른다. 내가 그들에게서 본받아야 할 점이다.

바짝 정신 차리지 않으면 낙오는 시간문제가 분명한 그 한가운데 내가 서 있다. 학교 정문을 들어서기만 하면 한없이 움츠려지고 작아지는 이유가 거기에 있다.

그런데 어릴 때 배우고 싶어 그토록 안달했던 모스 부호가 문창과 수업에 유용했다면 믿을 수 있을까? 그 부호는 받아쓸 때

머릿속에서 한 단어씩 모은 후 옮겨 적는다. 동시에 그다음 부호를 머릿속 다음 칸에 임시 저장을 해놓고, 밀어내기로 다시 옮겨 쓰는 식으로 이루어진다.

머리에 저장된 부호와 손으로 쓰는 사이에 한 템포 시차가 있다. 그랬으니 교수님 말씀을 놓치기는 힘들었다. 쓰며, 들으며, 조금 전 들은 것을 쓰며 동시에 그다음 것을 다시 들으며, 듣는 귀와 머리 사이에서 쓰는 손이 따로 놀고 있다. 그런데 이 필기 방법은 잠시도 정신을 팔거나 쉴 틈이 없다. 깜빡하면 모든 것을 잃는다.

어쨌거나 글쓰기에 가까이 갈 수 있는 길에 입문했다. 도전은 또다시 시작되었다. 지금까지 내가 사회에서 경험하고 얻은 것은 오직 하나, 프로정신이다. 문학에는 어울리지 않을 듯하지만 문학에도 어느 구석인가 프로를 원하는 곳이 있을 것이라고 믿는다. 그렇다면 나는 내가 새롭게 할 일을 생각보다 쉽게, 빨리 찾을 수 있는지도 모른다. 그래서 나는 시작한다.

좋아하는 키워드를 이제 '소설'로 바꾸고 싶다.

# 늦깎이 유학생의 필리핀행行

서울예대를 졸업한 후 얼마 되지 않아서였다. ＊＊대를 편입할 생각에 입학원서를 넣고 시험이 이틀 남은 시점이었다. 많은 생각이 머리를 어지럽혀 오고 있었다. 그것은 과연 ＊＊대 문창과에 편입을 하는 것이 옳은 일인가? 또 하나의 학력 세탁은 아닌가? 하는 생각이 불쑥 들었다.

여기에서 세탁이라는 표현은 모든 경우가 그렇다는 게 아니고 오로지 나 혼자만의 경우였다. 아무튼 고민에 돌입했다.

그리고 밤새워 세운 결론은 필리핀으로 가자며 이미 키보드는 유학원을 검색하고 있었다. 결국 다음 날 아침에 유학원에 전화해서 등록 절차를 알아보고 3월 초 시작되는 강좌를 등록했다. 고민에 들어간 지 2주 이내에 보따리를 싸서 필리핀 세부로 떠났다.

그리고 4개월이 지나 학생들은 각자의 입장에 따라 호주로 워킹 홀리데이를 간다거나, 영국 등으로 가는 등 제 갈 길로 나섰다. 나는 캐나다로 가기로 결정했다.

3, 4개월쯤 캐나다에서 공부를 하는 중, ＊＊대 대선이 가까워지면서 캠프에서 나에게 한국으로 들어와서 좀 도와 달라는 제의가 들어왔다. 어떻게 할까 망설이다가 원래 본연의 자세로 일을 하는 게 맞다 싶어 휴학을 하고 서울로 들어왔다. 어차피 비용도 받고 하는 일이다. 내가 대선에서 하는 일은 당사 후보실, 대표실 등과 후보 자택, 차량 등에 대한 도청이 되고 있는지 탐지하고 측정하는 일이었다.

대선을 무사히 마치고 이번에는 캐나다 학원으로의 복귀가 아닌 미국에 법인을 만들어야겠다는 생각이 들었다.

미국에서 페이퍼 컴퍼니 수준으로 사업자등록을 하고 수출입을 하려고 했다. 그러나 대표이사 1인은 로봇(?)이 아닌 실제 사람이 있어야 한다고 해서 아예 마음먹고 비자를 알아보기로 했다. 생각보다 엄청 커진 그림이었다. 아무튼 그때부터 시작해 3개월쯤 지난 그해 여름에 비자를 받았다.

# 더 큰 시장을 찾아 뉴욕으로, 세계로

사실 국내에서 하고 싶은 만큼의 통신보안 사업을 했다고 다소 겸손하지 못한 생각을 할 즈음, 좀 더 큰 시장으로 가서 새로운 기술을 배워 보자는 작은 뜻을 품고 2008년 8월 미국 뉴욕으로 건너갔다.

국내에서 생산한 제품을 미국 시장에 수출하고 새로운 제품을 발굴하여 수입하는 형태의 업무를 추진하기 위해서였다.

우선 유명 보안전시회부터 찾기로 했다. 가장 먼저 캘리포니아 애너하임에서 개최된 보안전시회를 시작으로 댈러스, 올랜도, 필라델피아, 애틀랜타, 뉴욕 등을 다녀 보았다. 각 지방별로 매년 진행된 이 전시회는 통신보안 분야가 적어서 4-5곳의 회사만이 출품하고 있었다.

그럼에도 매회 새로운 제품이 출품되기에 참관하지 않을 수 없었다. 그와 함께 미국 최대 보안 쇼라고 하는 라스베이거스 전시회에는 우리도 부스를 가지고 참가했다. 당시 우리가 생산한 도청 및 녹음 방해 장비와 대리점으로서 동유럽에서 생산한 무선 탐지기를 갖고 참가했는데 미국 시장에서의 성장 가능성을 조금 보게 된 절호의 기회였다.

지금 글을 쓰겠다며 들어와 있는 아르헨티나도 사실상 남미 대륙에서는 보안시장이 제법 있고 그 수준 또한 상당하다. 내게도 몇몇의 통신보안 고객이 있다.

TSCM 세미나/ 수상사진 – 미국 워싱턴 DC 소재 '국제산업산업스파이대응협회'에서는 매년 9월에 통신보안 관련 고급 컨퍼런스가 진행되는데 내가 2017년 세미나 발표자로서 '365일 원격 관제 도청감시장비'를 각국의 보안전문가에게 발표하여 호평을 받기도 하였다

그와 함께 워싱턴 DC 소재 '국제산업산업스파이대응협회'에서는 매년 9월에 통신보안 관련 고급 컨퍼런스가 진행되는데 내가 2017년 세미나 발표자로서 '365일 원격 관제 도청감시장비'를 각국의 보안전문가에게 발표하여 호평을 받기도 하였다.

그간 전 세계의 회원사들이 참여하는 이곳에서 각국의 보안시장 수준을 알 수 있었던 것도 커다란 수확이었다.

미국에서는 군사용, 상업용을 망라하고 통신보안 업체들이

**어워드** – 캐나다 토론토에서 개최되는 CC컨퍼런스에서는 우리가 직접 개발한 보안장비를 출품해서 이노베이션상을 수상했다.

워싱턴 DC의 펜타곤 인근 버지니아주, MIT 공대가 있는 메사추세츠주, 그리고 뉴욕주 등에 많이 있다.

그러한 부분이 뉴욕에서 사업을 시작한 나에게도 상호 정보교환을 하는 등 지리적으로 많은 도움이 된 것도 사실이다.

그런가 하면 캐나다 토론토에서 매년 4월에 있는 컨퍼런스에서는 우리가 개발한 도청, 녹음을 방지하는 보안장비의 출품으로 이노베이션상을 수상하기도 하였다.

지난 10년간 국내시장을 벗어나 해외시장을 개척하고 귀중한 통신보안 정보들을 수집하는 데 여러 노력을 기울인 만큼 큰 성과도 많이 얻었다. 사업적으로도 폭이 넓어졌고 오늘 내가 디지털 통신보안에 관하여 감히 자신 있게 이야기를 할 수 있다는 것으로도 만족한다.

그렇게 미국과 한국을 오가며 사업을 하던 중 본격적인 디지털 도청 보안장비를 구상하게 되면서 "아, 이거라면 대한민국에서 꼭 필요한 것이다. 이 기술이 다시 세대교체의 요구를 받을 즈음이면 적어도 통신기술이 뒤집어지는 개벽 사태가 난 이후일 것이다."라고 생각해서 짐을 싸고 다시 한국 시장으로 돌아오게 되었다.

그때의 경험으로 얻어낸 교훈은 '변화를 두려워하지 말자.'이다.

독자에게 꼭 이 생각을 전하고 싶다. 세상에 변하지 않는 것은 없다. 변화의 속도가 문제일 뿐 모든 것은 변한다. 변화는 두려움의 대상이지만, 두려워서 행동하지 않으면 아무런 성취도 없다.

두려움은 모든 꿈과 희망의 걸림돌이다. 분명한 계획이 세워졌으면 불굴의 도전정신으로 추진에 나서야 한다. 거꾸러지면 다시 일어서라. 그런 일이 몇 번 반복되다 보면 정상까지 도달해 있는 자신을 발견하게 될 것이다.

어디든 작은 틈 속에 성공이 숨겨져 있다. 나를 믿어야 한다. 지구가 멸망하지 않고 내일 아침에도 반드시 해가 뜬다는 것을 보장하는 이는 어디에도 없다. 그냥 오늘 내가 있으니 내일도 오늘의 나를 담보로 믿어 보자는 것이다. 일에 무섭게 매진한다면 나를 따라잡을 상대는 그렇게 많지 않다.

비로소 드디어 목표에 도달했다. 그러면 여기서 끝나는가. 물론 아니다. 그때부터는 새로운 고단함이 기다리고 있다. 일단 한 분야에서 최고가 되었으면 그것을 지키는 일이 무엇보다 중요하다. 문제는 이것 또한 만만치 않다. 영원한 1등은 없다.

지금까지 찾아낸 '나'와 나만의 '경쟁력'을 통하여 어려웠지만 '최고'가 될 수 있었다. 소위 경쟁자가 없는 시장에 진입한 것이다. 이른바 블루오션이라고 하지 않는가? 당분간 최고로서의 존재를 인정받을 수 있다. 그러나 그것은 또 다른 세력에 의하여 금방 밀려나게 된다.

그때부터는 레드오션에서 제로섬게임을 다시 시작한다. 지속적인 혁신을 통하여 품질, 가격, 마케팅 3박자가 맞아 떨어져야만 비로소 제 영역을 지켜갈 수 있다. 끊임없이 도전하고 창조하지 않으면 안 된다는 것을 보여주는 대목이다.

새로운 경쟁력을 또다시 찾아야 한다. 그렇게 하여 1등에 이른다. 1등의 외로움을 만끽하자. 즐겁게 받아들이고 쉬지 말고 나아가자. 일리아스의 오디세우스처럼 어두운 바다를 향해 거침없이 나아가자. 이를 지킬 수 있는 핵심 키워드는 '도전'과 '창조'다.

# 5대양 6대주를 누비며

한편 워싱턴에서 열리는 미국 정부기관 납품 전시회를 비롯하여 영국, 프랑스, 독일 등에도 부스를 가지고 참가하였다. 전시회라는 것이, 사실 한번 참가한다고 본전 뽑기란 쉽지 않은 것이기도 하다. "그 회사 아직까지 건재하군." 소리를 듣는 것으로도 만족해야 할 만큼 단기간의 성과를 보기는 어려웠다

특히, 여러 가지 전시회가 열리는 라스베이거스는 자주 다니게 되면서 나중에는 공항에 도착하면 내 고향 제천의 고속버스 터미널에 온 것 같은 기분도 느꼈을 정도이다.
그만큼 지불한 수업료도 컸다.

2015년 11월 13일 프랑스 파리 시내 여섯 곳에서 발생한 자살

폭탄 테러 및 대량 총격 사건이 일어났다, 이슬람 수니파 무장단체 이슬람국가(IS)가 자행한 것이다. 사망자는 130명 이상, 부상자가 300명 이상의 초대형 테러 사건이다. 이것이 발생한 다음 날 파리 밀리터리 전시회를 다녀온 적도 있다. 참으로 겁 없이 용감하게 다녔다.

# 아주 특별한 〈이색 전시회〉들

내가 다닌 보안전시회는 대략 4가지 유형이었다. 첫째는 사전등록 후 전시회 오픈 때 참관하는 일반적인 것, 둘째는 사전등록을 하되 일반인은 등록할 수 없고 정부기관, 제품 생산업체, 정부기관을 대상으로 영업하는 에이전시 등이 접수하고 출입하는 전시회가 있다. 셋째는 미국, 유럽 등에서 자국 정보기관, 그리고 현역 담당공무원, 그리고 해당 국가의 제품 생산업체, 또는 해당 국가의 정부기관과 이미 거래하는 외국 업체로 한정하는 곳이 있다. 그리고 넷째는 연중 미국, 유럽, 중동, 아시아권의 각 도시를 순회하며 정보기관, 보안 담당을 맡고 있는 현역 공무원을 대상으로 제품 생산 업체의 신기술을 알리는 컨퍼런스 형태의 것도 있다.

그런데 첫째, 둘째 전시장만 제외하고는 일반인의 출입이 완

**전시장 뱃지** - 그간 북미, 남미, 유럽, 오세아니아, 아프리카, 아시아권 등 5대양 6대주의 약 100여회 이상 보안전시회를 부지런히 찾아다녔다.

전히 통제된다. 인천공항의 보안검색보다 훨씬 삼엄하게 통제를 한다. 파리의 어느 전시회는 출입자를 다섯 번에 걸친 확인을 하는 경우도 있었다. 각 보안담당자들이 처음에는 소지품 검사, 다음은 티켓 다음은 여권 이름, 다음은 여권사진 등등 아주 대단하다. 그러니까 한 사람씩 체크를 분담하여 빠르고 혼선이 없도록 하는 것이다. 둘째만 하더라도 전시장 내에 일반인은 없다.

이들 전시회를 모두 참가할 수는 없다. 시간과 비용이 엄청나다. 그러나 중요한 곳 중의 중요한 몇몇 곳은 부스를 확보해서 가고 그렇지 않은 전시회는 아깝지만 우리 카탈로그를 챙겨 가지고 나가서 이른바 카탈로그 영업을 한다. 물론 데모용 샘플 키트도 가져간다.

이런 전시회를 다녀야 고급정보를 얻을 수 있는 것은 당연하다. 나는 이러한 전시회를 다니면서 최고의 정보를 확보하고 있고 그에 따른 자신감으로 업무를 수행하고 있다.

올가을, ＊＊의 보안전시회에서 3박의 호텔 체류비용과 항공기 티켓(할인)을 제공해 주겠다며 참가를 권유하고 있다. 또 다른 새로운 정보 수집의 계기가 될지도 모를 이번 기회 역시 놓칠 수는 없다.

# '오지 말라는데'... '나는 이때다' 하고 출발해 버렸다

지난번 런던 방문은 솔직히 반쪽짜리 출장이 될 각오를 하고 떠났다. 가장 중요한 것은 영국 **부에서 주최하는 도청기류 전시회였는데 일반인의 출입이 철저히 봉쇄된 비공개 행사였다. 이 행사에 참가를 해야 비로소 세상에 감추어진 모든 공격(도청)장비 기술을 확인할 수 있었기에 나로서는 무조건 방문해야 하는 절대적인 것이었다. 그러나 영국 정보기관에 납품실적이 없던 나는 도무지 참가할 기회를 잡을 수 없었다. 이 행사에 참석하려고 재작년, 작년부터 올해까지 지구력(?)을 갖고 악착같이 신청을 했었는데 결국 승인을 못 받았던 것이다.

그런데 이게 웬일입니까? 마감이 다 되었을 때쯤 '승인되었으니 참석하라'고 메일이 온 것이다. 믿어지지를 않아 몇 번을 확인, 또 확인을 했다. 그리고는 곧바로 비행기 티켓을 알아보다가 혹시나 하는 마음으로 ＊＊항공사에 문의했더니 마일리지 항공권이 있다는 것이다.

이 또한 믿기 힘든 것이 마일리지 항공권은 보통 4-5 개월 전에 마감이 된다. 아무튼, 티켓을 사고 이번에는 때마침 가지고 있는 마일리지로 숙소를 확보하였다. 온통 마일리지로..,하늘이 돕습니다.ㅎㅎ

그리고 나머지 반쪽짜리, 사실 이것은 2개월 후에 다시 올 것이기 때문에 그때 만나서 처리하려고 미룬 것이었는데 이번에 하자. 라고 급히 만든 스케줄이었다.

그,런,데...이건 또 무슨 청천벽력같은 소리입니까?

어제 승인났다는 메일이 시스템 오류였다며 오지 말라는 것이다. 기가 막혔다. 그래서 곧바로 메일을 보내 '무슨 소리냐? 나는 비행기 티켓, 호텔 예약 다해놨다. 시간이 임박해서 환불도 안된다.' 하며 메일을 보내도 대답이 없었다. 다음날 독촉 메일을 다시 보내도 대답이 없다가, 당일 아침에 출발하려는데 메일이 왔다.

역시나 "오지 마시라고 ㅎㅎ" 그러나 이미 무조건 찾아가서 부딪혀보자. 하고 마음먹었기 때문에 개의치 않고 승인(캔슬된) 메일을 프린트해서 떠났다. 휴~

영국에 도착하니 나머지 반쪽짜리 출장 이유였던 지인이 공항에 나와서 숙소까지 안내하여 잘 왔다.

다음날 다시 숙소로 찾아와서 이번에는 당신 집으로 갔더니 말이 집이지 완전히 고물상이다. 이 분은 원래 이탈리아 사람인데 영국을 오가며 수십 년째 살고 있다고 한다. 그런데 2km 정도를 두고 2층짜리 집이 2채 있는데 온통 라디오, 오디오, 보안장비가 가득하다. 몇 년 전 우리가 파리전시회에 갔을 때도 전시 기간 내내 우리 부스에 있었는데 보안장비보다는 도청기가 전문인 그런 사람이다.

아, 이야기가 삼천포로 빠졌다.

행사 당일 전시장 방문을 앞두고 입구에서 근무자와 격한 실랑이를 벌이는 꿈도 한편 꾸고(정말입니다) 출발했다.

지하철, 기차를 4번 갈아타고 2시간쯤 후에 도착하니 기차역 앞에 무료 셔틀버스가 있었다. 그런데 여기서부터 승인받은 서류와 여권검사를 하였다. 뭐 프린트를 해갔으니 자연스럽게 통과하고 건물 입구에서 다른 팀이 다시 확인하고, 다음으로 가방 뒤지고 다음으로 출입증을 프린트해 주는 순서인데 나는 승인 취소(바코드)되었으니 당연히 빨간불과 함께 스톱. 한쪽에 사람이 있는 심사대로 가라는 것이다. 이제 드디어 올게 왔구나.

두 주먹 불끈 쥐고 갔습니다. ㅎㅎㅎ

사실대로 말해야지 윽박질러서 될 일이 아니다라는 것을 직감하고, '너네가 승인 해주어서 곧바로 티켓을 샀고 내가 메일도 보냈다. 나는 이 행사 참석을 위해서 한국에서 비행기를 14시간이나 타고 왔다.' ~~주절주절.

그때까지만 해도 아, 안 들여 보내주겠구나. 하는 생각이 들었는데 어딘가로 전화하더니 왜 꼭 들어가야 하느냐? 오늘 하루만 들어가도 되겠느냐? 며 묻는다. 나는 이곳에 내가 아는 보안회사도 여럿 있고 그동안 파리 등 국제전시회도 무척 다녔다. 부탁한다. 플리즈!

했더니만 드디어 출입증을 발급해 주는 것이다.

그리고는 댕큐를 두 번하고 꿈같이 입장을 하였다는 정말 불굴의 투지로 만들어낸 이번 출장이었다. ㅎㅎㅎ

입장해서는 아는 사람들도 여럿 반갑게 만났고 그동안 못 보던, 머리끝이 쭈뼛 서는 차마 입에 담을 수 없는 무서운 장비도 볼 수 있었던, 아주 속이 후련한 하루였다.

# 홍콩에서 〈탐정교실〉을 기획하다

지금부터 26년 전, 국내 최초로 도청기를 탐지하고 제거하는 통신보안 전문가를 양성하는 '탐정교실' 과정을 개설하였다. 이 강좌에는 대기업 보안업무 종사자, 신규 창업을 희망하는 자 등 40여 명이 참가하였다.

그런 후, 2015년부터 3년을 연이어 새로운 실무교육 프로그램 '디지털 도청 및 통신보안 전문 강좌'를 홍콩에 개설하려고 준비하였다.

그것은 국내에서 실제 도청기는 실험을 하더라도 전파법, 통신비밀보호법에 저촉되기 때문에 이 법에 통제를 받지 않는 국가에서 해야 하기 때문이었다.

물론 홍콩의 파트너 T사로부터 각종 첨단 디지털 도청장비들을 지원받는 형식으로 계획했던 훌륭한 프로그램이 될 수 있었지만, 그러나 그것도 역시 꿈으로만 스쳐 지나가고 말았다. 막상 해외에까지 가서 교육에 참가하는 일이란 쉽지 않다는 것이 이유였다.

2020년 1월에 전경련 회관에서 컨퍼런스를 열었다. '2020 도청기술의 세대교체, 동향 및 對도청 장비 컨퍼런스'라는 제하였는데 정보기관, 대기업 보안 담당 등 선별해서 100여 명이 참석했다. 아직도 아날로그 도청감시 장비를 디지털 도청감시 장비로 알고 구매하는 현실이 답답했다. 고객들은 그 내용의 실체를 알

**2020 행사 사진** – 2020년 1월에 전경련 회관에서 컨퍼런스를 열었다. '도청기술의 세대교체, 동향 및 對도청 장비 컨퍼런스' 라는 제하였는데 정보기관, 대기업 보안담당 등 선별해서 100여명이 참석했다.

아야 한다는 마음에 진행했고 성황리에 종료했다.

당시 우리는 행사장에서 참가자들에게 비표를 사용했다. 명찰 위에 예를 들어 [123] 번호만 적혀 있는 것이다. 비표 작성으로 컨퍼런스에 참가하는 각자는 누가 어느 기관에서 왔는지, 어느 회사 보안팀에서 왔는지 알 수가 없어 모든 참가자는 안심하고 컨퍼런스에 임할 수 있었다. 아울러 휴식 시간에 잠시 외부로 나갔다 들어오는 경우에도 재차 확인을 하여 나갔던 사람 본인만이 들어 올 수 있도록 조치했다. 결과는 대성공이었다.

이날 행사는 도청 방지보다는 도청 기술, 장비에 중점을 두고 이루어졌다. 도청을 알아야 도청방지를 할 수 있는 것은 기본이었기 때문이다. 창과 방패를 가장 확실하게 비교 할 수 있는 기회였다.

그러나 행사를 마치고 한 달도 되지 않아 곧바로 코로나19로 온 나라가, 전 세계의 시장이 쑥대밭이 되어 버렸다.

# 녹취만이 살길이다

잠자고 일어나면 하나씩 이어지는 대형사고 정국 속에 최근 들어 주목할 만한 일이 있다면 그것은 단연 '녹취'일 것이다.

녹취라는 것은 상당히 고전적인 방법에 속하지만 초소형화를 추구해온 전자기술과 메모리 칩에 압축녹음을 하는 디지털기술이 어우러져 각광을 받으면서 발전해 왔다.

휴대용 보이스 레코더는 일반 시장에도 만년필형에서부터 USB, 라이터형까지 매우 다양한 제품들이 출시되고 있다.

그러나 제3의 시장 정보기관의 세계, 스파이의 세상에서는 그 기능이 가공할 만한 엄청난 것들이 있다.

가장 먼저 일단 외형은 아무도 상상할 수 없는 것이다???. 여기에 밝힐 수도 없다. 그리고 녹음은 원하는 시간대에 할 수 있도록 출발 전에 디테일하게 스케줄을 미리 입력한다. 그럴 리는 없지만 만약에 사용하다가 적발되어 압수당한다거나 분실한다 해도 이미 녹음된 내용에 대해서는 안심해도 된다. 일단 암호처리가 되어있고 패스워드가 몇 번 이상 에러가 나면 녹음 내용은 자동으로 삭제되기 때문이다. 그렇게 되면 이미 이것은 녹음기도 아니고 보이는 그대로의 제품 또는 물건일 뿐이다. 아무것도 아니다. 그렇더라도, 동일시각 외부의 무선 수신기에서는 녹음된 파일이 남아 있다. 압수되거나 분실하여도 버리면 된다. 완벽하다. 그리고 스위치 ON/OFF는 자동차 리모컨과 똑같이 생긴 것으로 조작한다. 등등 그 외에도 상당하다.

거기에다 요즘처럼 주거니 받거니(?) 하는 세상에서 모든 것을 문서로 받아 놓을 수도 없고 훗날을 생각하니 뭔가 남기기는 해야 하는데 하는 바로 그때 디지털 녹음기는 단연 최고가 된다. 압축기술의 채용으로 최장 50여 시간까지도 작동하니 그 어떤 마라톤 협상에서도 그저 든든할 수밖에 없다.

사람은 누구나 본능적으로 자기방어를 하게 되는데, 두터운 신뢰 없이 만난 이권 사업이라면 나중에 어떤 상황이 벌어질지 모른다는 것을 일찌감치 상정하게 된다는 것이다.

그런가 하면 첫 출고 초기, 대인기 품목이었던 녹음 방해 장비는 얼마 되지 않아 그 한계가 드러나면서 시장에서는 좀 더 검토해보고 채택하자는 의견이 주를 이루었다. 초음파 대역을 발사해서 음성을 방해하는 것으로 모든 '스마트폰' 중에서도 녹음 방해가 되는 것, 되지 않는 것들의 사례가 나오고 게다가 젊은 사람들 또는 예민한 귀를 가진 사람들이라면 머리가 아프다는 호소를 하기도 한다. 초음파가 귀에 들리기 때문이다.

예를 들어 장비를 작동시키면 다음과 같다. 어느 방안에 이 장치가 작동하고 이때 스마트폰, 녹음기 등을 가진 사람이 들어와서 앉아 대화를 한다고 하자. 대화를 마친 후 녹음된 내용을 들어본다. 녹음 방해가 잘 되었다면 #%$@^&(()*&^%$ 하는 잡음 소리가 대화한 목소리보다 크게 들려 무슨 말인지 도대체 알아들을 수 없을 것이다. 이 정도라면 물론 성공이다. 그런데 #%$@^&(()*&^%$ 잡음보다 대화 내용이 커서 알아들을 수가 있다면 물론 실패라고 할 것이다. 그런데 초음파의 직진 특성상 녹음기를 주머니 속에 넣었다든가 가방 속에 있을 때는 성능이 급격히 저하된다. 사실상 녹음 방해 기능을 못 하는 것이다. 그러나 기술 원리상 아직까지는 한계가 있음을 인정하고 작동하는 만큼 최소한의 보안 유지라도 필요하다는 곳도 여전히 있다. 휴대용, 고정 설치용으로 많이 출시되었다. 미국 델라웨어대학의 초음파를 이용한 녹음 방해장치 연구팀에서 아픈 머리를 호소하는 이 같은 방식이 인체에 무해한지에 대하여 우리 회사로 문의를 해온 적도 있다.

이 같은 상황과는 무관하게 최근 국회에서 다시 떠오르는 녹음의 불법 논란, 이를테면 '사전에 고지 없이 스마트폰에서 상대방과의 통화내용을 녹음한다면 불법이다'라는 내용이다. 물론 지금까지는 당사자가 포함된 대화나, 통화내용의 녹음은 합법이고 재판에서 증거로도 인정되었다.

과연 어디까지 가는지 지켜볼 일이다.

# 가짜 기지국 사건들

해외에서는 가짜 기지국으로 불법을 저지르는 사건이 끊이지 않고 있다. 가짜 기지국이란 말 그대로 기지국과 같은 기계장치를 갖추어 놓고 주요 지점에서 광고용 문자 메시지를 보낸다든가 다른 정보 수집행위를 하는 것을 말한다.

이 기지국은 피싱과 스미싱 등 인터넷 및 통신사기 범죄에 주로 이용되는데 통신질서를 크게 어지럽히는 악성 장치이다.

이것을 작동시키면 주변 진짜 기지국에서 발사되는 전파보다 강력한 출력으로 신호가 방출되는데 수백 미터 이내의 스마트폰이 사람으로 말하자면 정신을 잃는다. 그리고 기지국으로 착각한 주변 전화기들이 접속해 온다. 이때 IMSI(국제 이동국 식별번호로서 각 전화기마다 다른 번호를 가지고 있음) 코드를 분석하여 메시지를 보내면 되는 식이다.

벌써 몇 년 전이다. 자료를 검토하다가 눈이 번뜩 뜨이는 게 있었다. 바로 가짜 기지국이었다. 당시에도 특정 구역에 가서, 예를 들면 명동 거리에 나가서 작동을 시키면 주변 불특정 다수의 스마트폰을 향해 광고용으로 지정한 문자 메시지가 날아가는 것이다. ＊＊맛집 ＊＊ 개시!, ＊＊ 영화관 ＊＊개봉 !! 그러니 광고 효과도 대단할 듯했다. 가격도 놀랄 만큼 비싸지 않았다. 차량에 설치하여 다닐 수도 있고 백 팩에 넣을 수 있는 간단한 이동 기지국 수준이었다. 물론 이러한 장치를 사용한다면 당연히 불법이다.

'그냥 그런 것도 있는 재미있는, 위험한 세상에 살고 있구나.'라고 생각하면 좋을 듯싶다.

# 몰카 세상,
# 당신은 안녕하십니까?

요즘은 몰카 역시 완벽하게 디지털 방식이다. 와이파이, 블루투스, 이동통신망으로 포워딩하는 방식이 넘쳐 난다. 특히 중국산의 경우 ＊＊에 가면 가격도 싸고 종류도 천차만별이다. 특히, 카메라만큼은 디지털 방식이라고 특별하게 전문적인 업체에서 취급하는 것도 아니다.

지난 유럽 출장 중에 전혀 새로운 개념의 몰카 탐지기가 개발되었으니 판매를 해보라는 메일이 왔다. 그때 나는 장비 구매를 위해 유럽을 순회 중이었기에 시간을 약속하고 S사를 찾아갔다. 과연 유니크한 아주 새로운 방식이었다. 카메라가 작동하기 위해서 무조건 발진하는 주파수가 있는데 그 신호를 탐지하는 것이었다. 테스트를 해 보니 아주 약한 노이즈 수준의 신호임에도 불구하고 정말 잘 잡아냈다. 그러니까 인근 20M 이내의 카메라는 모두 감지해서 한 화면에 10개까지의 표시를 해 주는 새로운 방식이다.

　일반 유선 CCTV 카메라는 물론 IP카메라 등 아날로그, 디지털의 모든 카메라를 감지하는 것이다. 옛날 아날로그 시대에도 비슷한 주파수를 감지하는 방법이 있었는데 그때는 카메라에 탐지기를 거의 밀착해야 겨우 감지가 되는 수준이었다. 그러나 이 제품은 가격이 수백만 원대로 너무 높아 특수한 부서에서나 사용할 수 있는 것이었다.

　그동안 보아왔던 장비와는 다른 아주 독특한, 매력 있는 장비였다.

　몰래카메라에 대한 에피소드는 사례는 많고 기법은 단순해서 굳이 소개할 필요가 없지 않을까?

　한편 스파이들이 사용하는 프로페셔널 장비들은 대개 영상을 촬영하여 실시간으로 이동통신망으로 전송하는 것이다. 그렇게 하면 제3의 장소에서 해당 장면을 시청하고, 녹화를 하면서 정보 수집을 할 수 있게 되는 것이다. 이 장치에는 현장에서 이루어지는 모든 상황을 원격으로 보고 싶을 때 볼 수 있고, 보고 싶은 만큼 정지화면, 그리고 필요에 따라 동영상으로 볼 수도 있다.

　그런데 이 장치가 일반적으로 사용하는 것들과 크게 다른 점이 있다. 바로 암호화를 사용함으로써 본인들 외의 또 다른 스파이, 또는 보안팀들이 도촬 신호를 탈취하거나 감지한다고 하여도 절대로 열어 볼 수 없는 자물통을 갖고 있다.

# 내 몸속에 칩Chip을 심었다

언젠가 상담해 온 B씨도 도청징 후로 인한 피해가 이루 말할 수 없었다. 가장 먼저 본인의 아래층, 그리고 위층 사는 사람들이 자신의 모든 행동을 먼저 알고 있다는 것이다. 주차장에 내려가서 뭔가를 가지고 오겠다고 생각하면 상대가 먼저 주차장에 내려와 있고, 편의점을 다녀올 때면 기다리고 있었다는 듯이 입구에 서 있더라는 것이다.

B 씨의 주장은 이랬다. 얼마 전에 집 부근에서 교통사고로 잠시 병원에 있었는데 그때 누군가 자기 몸속에 칩을 심어 넣었다는 것이다.

결국 B 씨는 병원에 가서 X-ray도 찍어 보았지만 칩이 워낙 작은 것(?)이라 X-ray로 찾을 수 없어서 병원에서는 포기했다는 것이다. 단 한 가지 방법이 있다면 자신의 몸속 칩에서 발사되는 전파를 감지해서 찾아내는 수밖에 없다는 것이다. 그런데 문제는 전파를 감지했다고 해도 전파가 있다고 누가 확인을 해주겠냐는 것이다. 누군가 설치한 사람이 전파탐지전문가에게 압력을 넣고 돈을 주고 회유를 해서 그런 일이 없더라. 라고 하거나, 또는 경찰이나 국가기관에서 압력을 넣을 수도 있다는 것이다. 이런 말이 안 되는 주장을 계속하는 것이다. 그래서 이번 상담도 사전에 아무런 예약 없이 자신조차 점검받으러 간다는 생각을 의도적으로 안 하면서, 다른 생각만으로 갑자기 찾아왔다는 것이다. 아, 어쩌란 말인가?

그런데 똑같은 고민을 말하는 미국 사람도 나에게 상담 메일을 보내왔다.

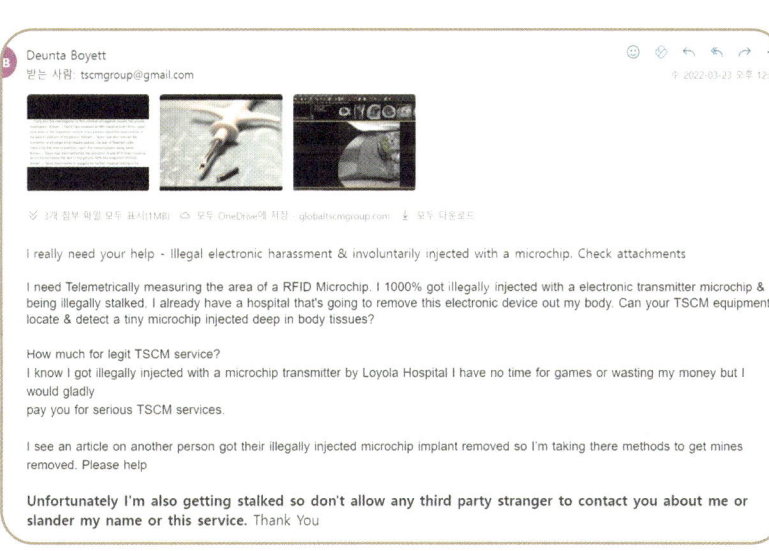

Car톡   증권   부동산   IT   금융   산업   유통   정책   정치   사회

과학 >

## [로그인 투 매트릭스]① 인간의 뇌와 컴 퓨터를 연결한다…사이보그가 현실로

박성우 기자
입력 2017.07.31 06:00

4차 산업 혁명이 인류를 '신세계(新世界)'로 안내하고 있다. 인공지능과 클라우드가 모든 산업의 근간을 뒤흔들고 5세대 통신이 현실과 가상현실(VR)의 경계를 무너뜨린다. 인간 두뇌와 컴퓨터를 연결해 정보를 주고받는 기술도 진화를 거듭한다. 200억개가 넘는 사물의 연결, 급속한 클라우드화, 일상화된 인공지능, 가상화폐와 가상현실의 보편화 등이 특징인 고도의 정보화 사회가 성큼 다가온 것이다. 조선비즈 특별취재팀은 전 세계 곳곳을 돌아다니며 4차 산업 혁명이 이끄는 고도의 정보화 사회, 이른바 '매트릭스(matrix)'로 불리는 세계를 집중적으로 취재했다. 진화의 방향을 알면 우리의 대응 방법이 보이기 때문이다. [편집자주]

① 인간의 뇌와 컴퓨터를 연결한다…사이보그가 현실로

2030년 직장인 김상범씨는 TV를 보기 위해 소파에 앉았다. 김씨는 "영화를 볼까? 예능 프로그램을 볼까?"를 고민했다. 이때 TV가 자동으로 켜지더니, TV가 영화 한 편을 추천했다. 뇌파와 시선 측정 센서가 장착된 TV가 김씨의 감정을 측정하고 분석해 최적의 콘텐츠를 제공한 것이다. TV는 클라우드 서비스를 제공하는 데이터 센터와 연결돼 있다. 이 데이터 센터에는 김씨의 뇌파와 시선 처리, 동공 분석 등에 관한 2년어치의 빅데이터가 저장돼 있다.

지난 7월 28일 서울 역삼동에 위치한 스타트업 룩시드랩스(Looxidlabs) 연구소. 이 회사는 가상현실(VR) 기기를 활용해 뇌파를 측정하고 인간의 감정을 분석하는 솔루션을 개발 중이다.

조안나 룩시드랩스 팀장은 "뇌파를 분석하는 시스템을 이용하면, 사용자의 감정이 긍정적인지 부정적인지, 흥분된 상태인지 아닌지를 알 수 있다"면서 "2030년 김상범씨의 사례는 충분히 가능한 이야기"라고 말했다. 무선 기반의 뇌 통신이 개발되면, 각종 사물들이 사용자의 뇌파를 읽어들여 음성 명령이나 터치 명령 등의 인터페이스 없이도 동작하게 돼 최고 수준의 개인화된 서비스를 제공할 수 있게 된다는 것이다.

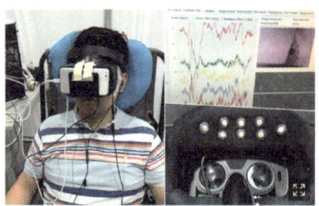

기자가 룩시드랩스 연구실에 방문해 가상현실(VR) 뇌파·시선 측정 헤드셋을 착용한 뒤 동양상 시청과 연구원의 질문에 답을 하는 모습

기자는 실제로 이 회사 연구소에서 가상현실 헤드셋을 착용해 봤다. 룩시드랩스가 제공하는 헤드셋에는 8개의 금속 전지판이 붙어 있다. 이 전지판은 이마와 직접 닿아 뇌파를 읽어들이는 센서 역할을 한다. 헤드셋에는 카메라도 탑재돼 있다. 이 카메라는 헤드셋을 착용한 사람의 동공을 촬영하는 데 쓰인다. 사용자의 감정을 정확하게 분석하기 위해서는 시선 처리와 동공 움직임을 분석하는 게 중요하다. 사람은 놀랄 때 동공이 커지고 감정 변화가 일 때 시선이 흔들린다.

기자가 헤드셋을 쓰자, 기자 오른편에 있는 컴퓨터 모니터에 기자의 뇌파가 나타

났다. 화면 속에서는 특정 동영상이 재생됐고, 이를 본 느낌을 묻는 문답이 표시됐다. 조 팀장은 "사람은 자신의 정확한 감정을 숨기거나 잘 모르는 경우가 많다"면서 "뇌파 분석 기술은 말보다는 좀 더 정확한 감정 조사가 가능해 광고나 마케팅 효과를 정확하게 측정하는 데 많이 활용될 수 있다"고 덧붙였다.

뇌와 컴퓨터를 연결해 인간의 능력을 증강시키는 '뇌-기계 인터페이스(BMI·Brain Machine Interface)' 기술이 뜨고 있다. 올해 3월 미국 매사추세츠공대(MIT)가 발행하는 과학기술 전문지 '테크놀로지 리뷰(Technology Review)'는 세상을 바꿔놓을 10대 혁신 기술 중 하나로 '마비 역전기술(Reversing Paralysis)'을 꼽았다. 마비 역전 기술은 우회 신경 기술로도 불린다. 신경이 손상된 마비 환자들을 위해 뇌에 칩을 이식해 척수를 거치지 않고 뇌의 신호를 손과 다리에 직접 전달하는 것으로 BMI 기술 중 하나이다.

BMI는 HMI (Human Machine Interfaces), MMI(Mind Machine Interface), BCI( Brain Computer Interface) 등으로도 불린다. ▲뇌 운동영역의 신경신호를 감지 해석하여 실시간 기계제어 명령으로 변환하는 기술 ▲뇌영역에 생체 내·외 정보를 입력시키는 기술 ▲뉴로피드백 기술(뇌파의 측정·분석을 통해 뇌파의 패턴이 건강하도록 스스로 조절하는 훈련 기술) 등이 BMI의 핵심 기술로 꼽힌다.

지난 10월 피츠버그대에서 열린 백악관 프런티어스 콘퍼런스에서 버락 오바마 미국 대통령(왼쪽)이 척수 손상 환자의 뇌와 연결된 로봇 팔과 악수하고 있다.

임창환 한양대 생체공학과 교수는 "컴퓨터가 고도의 인공지능을 갖게 되면, BMI는 뇌-기계 인터페이스에서 뇌-인공지능 인터페이스로 진화하게 된다"면서 "생물학적 뇌와 전자 뇌를 결합한 구조의 기계 인간(사이보그)도 충분히 나올 수 있다"고 말했다.

◆ BMI 기술 어디까지 왔나…생각만으로 로봇팔·사물 움직이고 끊긴 신경 되살려

"진짜 사람과 악수하는 느낌이 들었습니다."

지난해 10월 미국 피츠버그대에서 열린 백악관 프런티어스 콘퍼런스(White House Frontiers Conference)에서 버락 오바마(Barack Obama) 대통령은 나단 코프랜드(Nathan Copeland)씨의 손을 잡으며 이렇게 말했다. 12년 전 교통사고로 척수를 다친 그는 손 하나 까딱할 수 없는 중증(重症) 장애인이다.

나단이 오바마 대통령에게 자신의 손을 대신해 내민 건 자신의 두뇌와 연결된 '로봇 팔'이었다. 나단의 머리에 박힌 작은 칩이 뇌에 흐르는 미세한 전극을 감지해 내고 이를 컴퓨터가 분석해냈으며 컴퓨터의 명령으로 로봇 팔이 움직였다.

기적 같은 일을 해낸 건 앤드류 슈워츠(Andrew Schwartz) 피츠버그대 신경생물학과 교수가 이끄는 연구팀이다. 슈워츠 교수는 평생 인간의 생각으로 로봇팔을 움직이는 연구에 몰두해 왔다.

피츠버그대 재활의학과 로버트 건트(Robert Gaunt) 교수는 "코프랜드씨는 자신의 의지로 로봇 손을 움직이고 물건을 집는다. (로봇 손가락 하나하나에 대한 감각이 있기 때문에) 코프랜드씨는 자신의 눈을 가리고도 80% 넘는 확률로 로봇 손이 어떤 손가락을 이용해 물건을 집는 지 알 수 있다"고 말했다.

본 기사는 한국언론진흥재단의 지원을 받았습니다

한국언론진흥재단
Korea Press Foundation

아래 기사를 보면, 머릿속에 칩이 심어져 나를 조종하고 있다는 말을 웃어넘기기에는 세상이 너무나 변해 버렸다. 20여 년 전, 보안 상담을 하겠다며 찾아왔던 고객을 정신이상자로 치부했던, 앞서간 그 사람들을 생각할 때 그때의 나 자신이 솔직히 부끄럽다.

4차 산업 혁명이 인류를 '신세계新世界'로 안내하고 있다. 인공지능과 클라우드가 모든 산업의 근간을 뒤흔들고 5세대 통신이 현실과 가상현실(VR)의 경계를 무너뜨린다. 인간 두뇌와 컴퓨터를 연결해 정보를 주고받는 기술도 진화를 거듭한다. 200억 개가 넘는 사물의 연결, 급속한 클라우드화, 일상화된 인공지능, 가상화폐와 가상현실의 보편화 등이 특징인 고도의 정보화 사회가 성큼 다가온 것이다.

뇌와 컴퓨터를 연결해 인간의 능력을 증강시키는 '뇌-기계 인터페이스BMI·Brain Machine Interface' 기술이 뜨고 있다. 올해 3월 미국 매사추세츠공대MIT가 발행하는 과학기술 전문지 '테크놀로지 리뷰Technology Review'는 '세상을 바꿔놓을 10대 혁신 기술 중 하나로 '마비 역전기술Reversing Paralysis'을 꼽았다. 마비 역전 기술은 우회 신경 기술로도 불린다. 신경이 손상된 마비 환자들을 위해 뇌에 칩을 이식해 척수를 거치지 않고 뇌의 신호를 손과 다리에 직접 전달하는 것으로 BMI 기술 중 하나다.

BMI는 HMIHuman Machine Interfaces, MMIMind Machine

Interface, BCI^Brain Computer Interface 등으로도 불린다.

▲뇌 운동영역의 신경 신호를 감지 해석하여 실시간 기계제어 명령으로 변환하는 기술 ▲뇌 영역에 생체 내·외 정보를 입력시키는 기술 ▲뉴로피드백 기술(뇌파의 측정·분석을 통해 뇌파의 패턴이 건강하도록 스스로 조절하는 훈련 기술) 등이 BMI의 핵심 기술로 꼽힌다.

# 우리를 흥분시키는 전문적인
# 도청기, 모두가 작품입니다

지금껏 해외 전문전시회를 다니면서 놀라운 감청장치들의 기능, 성능들을 접해 보았다. 그중에서도 아주 특별했던 것들을 보았는데 이러한 장비들은 전시장 내에 부스가 있어도 노출하지 않는다. 그렇게 요란하게 보안검색 과정을 거치고 들어 왔지만 보이는 것은 없다. 부스에는 아무런 설치도 없이 간단한 포스터 정도만 붙어 있다. 마치 전시장 출품을 하지 않은 것으로 오인하기 딱 맞다. 사전에 약속한 팀과의 미팅만 하고 실제 장비는 오후에 그들이 묵는 호텔에 개별 초대되어 보여준다.

내가 그랬다. 사전에 약속을 하였는데 부스를 못 찾겠기에 두 번째 다시 돌아보니 앞서도 보았던 비어 있는 듯한 부스가 있었다. 내 소개를 하고 앉아 이야기를 나누어 보니 국가기관만을 상대하려니 최고 수준의 보안을 유지해야 한다는 것이다. 물론 백

번 이해한다. 다음날 오후에 그 회사 전시 팀이 묵고 있는 호텔로 방문을 하니 룸과 연결된 별도의 방에 전시 룸을 꾸며 놓았다.

−인공위성을 이용한 위성전화(전 세계 산간 오지, 해상에서도 사용하는 이동통신 서비스) 감청 시스템

−스마트폰 감청 시스템

−와이파이 감청 시스템

방문하기 전에 여러 기본 정보들을 주고 받았지만 그곳에서는 그다음 단계의 설명을 들었다. 정말 놀라웠다.

이럴 때 사람들은 흥분한다. 다른 말을 할 수가 없다.

**−VIP 전용 차량 도청장치**

이것은 VIP가 피해자가 되는 격이다. 해외 순방을 하는 대통령(물론 미국 대통령은 이러한 사고를 막기 위해 차량까지 공수해 다니지만) 이나 유력 VIP들을 모시는 고급 차량들이다.

그런데 이 차량 내부에는 어마무시한 장치들이 가득하다. 먼저 특수직물로 만든 머리 받침대 4개에는 360도 조용한 회전이 가능한 초소형 IP 카메라들이 은밀하게 설치되어 있다. 그리고 천장 실내등, 브레이크 등, 백미러, 수납장 등에는 고감도 마이크 및 소형 카메라가 내장되어 있다. 그리고 차량 보닛 아래쪽으로는 이동통신 중계기가 설치되어 있다. 이 모든 장치들은 차량 부분품을 임시로 가공해서 만든 것이 아니고 해당 부분품을 별도

로 개발하여 소량 생산한다. 당연히 외부에서 보아서는 알 수 없다.

승차하기 전 차량의 부근에서부터 승차, 차량 내부 그리고 하차한 이후 일정 시간, 지점까지의 모든 대화 내용, 모든 움직임이 모두 실시간으로 체크되는 것이다. 물론 방탄 기능을 가지고 있고 총탄을 맞아 타이어가 터져도 빠른 속도로 이동할 수 있는 체계가 구축되어 있다. 훌륭하다는 감탄사에 이어 머리끝이 쭈뼛이 서는 느낌을 지울 수 없다.

\*'도청'은 남의 말을 몰래 엿듣는 불법행위이고 '감청'은 수사기관이 법원의 영장을 발부받아 행하는 합법적인 수단을 일컫는 것으로 통신비밀보호법에서는 이를 두고 '통신제한조치'라고 한다. 그러니까 불법이냐 합법이냐만 다를 뿐 실질적으로 행하여지는 내용은 똑같다.

# 내가 보고 듣고 만져 본 도청기, 프로페셔널합니다

나는 새로운 기기가 나오면 얼른 달려가서 확인해 본다. 이것은 나의 성격이기도 하지만, 내 업무에 대해 철저함을 지켜나가기 위한 나의 각오로 보면 좋겠다. 관자가 이렇게 말한 적이 있는데, 나는 그 말에 적극 동의한다.

'모든 일은 계획으로 시작하고, 노력으로 성취되며, 오만으로 망친다.'

나는 안주하지 않고, 오만하지 않으려 새로운 기기에 관해 공부하고 공부했다.

앞에 소개된 장비는 국가기관이 주로 사용하는 것이지만 다음 장비들은 심지어 민간에서 쓰인다 해도 마땅히 통제할 방법은 없다. 즉 산업스파이 등이 얼마든지 구매하여 사용할 수 있는 엄청난 기능과 성능을 가진 것들이다. 내가 보고 듣고 만져본 기기들을 소개한다.

단, 이러한 장치들은 이 글에 함께 스토리를 넣고 싶어도 피해자는 대부분 도청이 되는 사실을 인지하지 못하기 때문에 도청을 시도하는 측에서 법적 책임을 지고 사실 행위에 대한 공개를 하지 않는 한 안타깝게도 관련 스토리가 있을 수 없다. 독자들의 넓은 이해를 바란다.

### -알전구형 디지털 도청장치

실내 전등과 똑같이 생겼다. 그러나 내부에는 별도의 장치가 숨어 있다. 회의실 등에 설치 후 회의 내용을 수백 미터 밖, 외부에서 암호화된 신호를 바꾸어 듣는 것이다. 문제는 도청탐지 장비에도 쉽게 탐지되지 않는다. 전파를 계속 발사하지 않기 때문

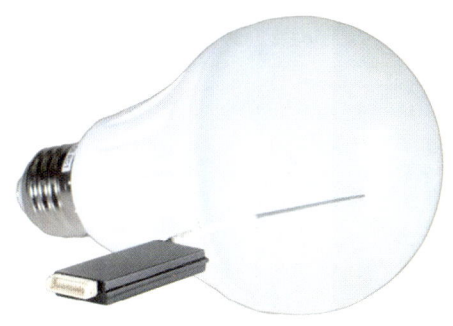

**알전구형(도청기)** - 알전구형 도청기. 문제는 도청탐지장비에도 쉽게 탐지되지 않는다. 전파를 계속 발사하지 않기 때문이다.

이다. 가격은 대략 1,000만 원 이상이다.

### −전력선 도청장치

어느 VIP실 또는 주요구역의 실내에서 무선이 아니라 전력선을 통해 음성을 보내고 주변의 콘센트에 수신기를 연결하여 대화 내용을 엿듣는 것이다. 그만큼 대부분의 탐지 장비로는 잡아내지 못한다. 국내 대부분의 도청감시 항목에서 벗어난 허를 찌르는 것이다. 이것은 사전에 방지할 수 있는 장치가 있을 뿐이다.

### −지향성 마이크

먼 거리에서도 상대의 대화 내용을 엿듣고 녹음까지 가능한 장치이다. 드라마 속에서 옆 사람들의 대화 내용을 엿듣기 위해서 옆자리에 앉아 신문지 등으로 가리고 엿듣는 것을 본 적이 있을 것이다. 이 장치는 그러한 수고를 덜어준다. 조끼의 등 부위에

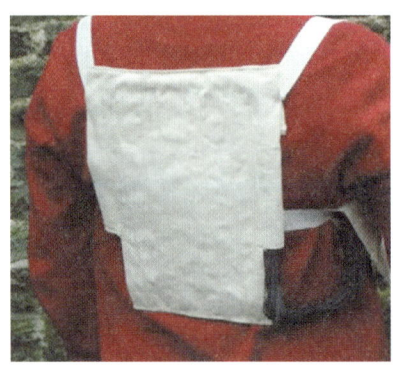

**조끼** − 조끼를 입고 상대방과는 반대로(조끼 뒤에 마이크가 있으므로) 멀리 앉아 있으면 약 20여 미터까지의 대화 내용을 선명하게 들을 수 있고 녹음이 가능하다.

마이크를 적게는 32개 이상 넣고 만든 장치인데, 말 그대로 조끼를 입고 상대방과는 반대로(조끼 뒤에 마이크가 있으므로) 멀리 앉아 있으면 약 20여 미터까지의 대화 내용을 선명하게 들을 수 있고 녹음이 가능하다. 상대의 눈치를 볼 일이 없다. 벗어 놓으면 조끼일 뿐이다.

### –와이파이, 블루투스 링크 도청기

요즘 대부분의 도청감시 장비는 사실상 무늬만 디지털 장비라고 할 수밖에 없다. 아직까지는 거의 그렇다. 이 장치는 어느 구역에 설치하면 도청된 음성이 모두 와이파이 또는 블루투스를 통하여 이동통신망으로 링크된다. 사실상 아날로그 장비로는 찾을 수 없다.

### –자동차 위치추적, 도청장치

마이크, 카메라, GPS+이동통신 연결 시스템까지 한 세트가 된 장치이다. 타깃이 되는 자동차에 은밀히 부착하고 추적을 시작할 수 있다. 내부에 있는 사람의 대화 내용, 움직임, 이동 위치 등 일거수일투족을 전 세계 어디서나 이동통신망이 연결되는 곳이면 모두 실시간으로 감시할 수 있다.

배터리는 대략 40여 일 사용한다.

### –레이저도청장치

옛날부터 영화에 많이 소개되었던 우리에겐 어쩌면 친숙하기도 한 장치이다. 레이저도청이란 실내에서 대화를 하면 그 음성은 창 측의 유리, 벽, 천장, 덕트 등으로 퍼져나가 미세한 진동을 일으키게 되는데 바로 이 진동이 있는 창 측에 레이저빔을 발사하여 되돌아오는 진동 신호에서 음성 부분만을 추출하여 듣게 되는 것이다.

최근에는 생산하는 업체도 많아졌고 이전에는 어려웠던 타깃을 향한 각도 조절이 쉬워졌으며, 명료도가 훨씬 개선되었다. 약 400m 정도 거리에서 엿들을 수 있다. 차량 대 건물, 차량 대 차량에서 엿듣는 것이 가능하다. 최근 밀리터리 전시회에 가서 데모를 보았던 장비는 타깃이 유리창이 아니라 실내의 책상 위에 있는 종이컵 등 아주 작은 것들을 매개체로 음성을 반사시켜 듣고 있었다.

고객님, 이 정도라면 만족하십니까? ㅎㅎ

독자들을 위해 좀 더 과감하게 여러 장비들을 소개는 하였지만, 사실 한편에서는 모두가 보안사항이라 아슬아슬한 내용이 많다. 이에 어느 국가, 어느 모델 등의 내용들을 ＊＊ 처리하게 되었음을 '그 마음도 오죽했겠나?' 하고 양해하여 주기 바란다. 도청과 관련한 포렌식, 그 외에도 소개하고 싶은 것들이 너무나 많지만 국가와 민족(?)을 위하여 아껴야 할 것도 없지 않다.

다시 말해 알고 있는 만큼 말하기도 결코 쉽지 않다.

또한 직접적으로 도청 행위라고는 할 수 없지만 결국은 연관될 수밖에 없는 다음과 같은 것들도 있다. 흥미롭지 않을 수 없다.

### 1. X-키 승합차, 호텔 룸 키, 자동차 키

약 2-300m쯤 떨어진 외부에는 승합차가 주차되어 있다. 그리고 주변 타깃 건물 문 앞에서는 특수 레이저로 열쇠 구멍을 스캔하여 무선으로 전송한다. 물론 짧은 순간이다. 이때 승합차 내부의 열쇠 복제기에서는 스캔된 데이터를 받아 그대로 깎아낸다. 불과 1-2분이면 열쇠가 복사된다.

또 다른 경우, 호텔 룸 키 및 자동차 키들도 원격 컨트롤러로 모두 개폐할 수 있다. 당연히 경보음은 울리지 않는다. 세상 거의 모든 호텔 룸, 자동차가 이 기법을 빠져나갈 수 없다.

본격 스파이는 이렇게 침입한다.

### 2. 연질 파이프 마이크

방 안으로 부드럽고 가느다란 연질 파이프. 끝에는 고감도 마이크가 연결되어 있다. 그리고 외부에서는 고성능 수신기를 통해 내부의 대화 내용을 엿듣는다. 이런 경우 방안에서 도청기를 찾아낼 방법은 없다. 아니, 도청기는 방 밖에 있는 셈이 된다.

3. 콘크리트 마이크

잠입하는 데 시간적, 물리적인 한계가 있을 때 건물 밖에서 청진기 원리의 마이크를 벽에 밀착시켜 콘크리트 벽 내부의 대화 내용을 은밀히 엿듣는다. 일부에서 볼 수 있는 간단한 콘크리트 마이크와는 그 격을 달리한다.

나는 국가 이익을 위해 필요하면 뭐든지 한다. 하여야 한다, 라고 생각한다. 심지어 은밀히 공급되는 이러한 장비에도 소위 말하는 '정품'에는 NATO(북대서양조약기구) 등록번호가 찍혀있을 정도이다. 이 정도면 공식적으로 인정할 수 있는 것 아닌가?

# 스마트폰, 해킹 애플리케이션

5G(세대)급 도청장치의 하나로 급부상한 도청 앱으로 불리는 이 스마트폰 해킹 프로그램은 내부를 자세히 들여다보면 모골이 송연해진다. 그런데 아직 국내에서는 여러 차례 심층 보도되었는데도 그리 심각하게 여기지 않는 분위기이다. 더 정확하게 말하자면 심각한 것은 알겠는데 내 일은 아닐 거야, 라는 듯하다. 이것은 원격 앱App으로 타깃 주변 대화 도청, 위치 추적, SMS 등 모든 사항을 완벽하게 컨트롤할 수 있는 매우 위협적인 앱이다.

먼저, 언제 누구와 몇 분을 통화했는지 통화 내역을 전부 볼 수 있다. 통화 녹음한 내용도 모두 다시 들어 볼 수 있다. 그리고 GPS 위치 추적을 통해 언제 어느 경로로 얼마간 이동했는지를 알 수 있다. 예를 들어 자신의 위치가 노출될까 우려하여 GPS를 껐다고 하더라도 원격지에 있는 해커는 GPS를 다시 켤 수 있다.

웹 사이트 방문 기록 등을 파악할 수 있다. 문자, 카톡 등을 보내거나 받게 되면 그 내용을 모두 읽을 수 있다. 그리고 스마트폰에 있는 모든 기능의 원격제어를 할 수 있다. 녹음 앱도 조작할 수 있다.

마찬가지로 해커가 녹음을 원하면 해킹 앱 설치자의 PC 또는 휴대폰에서 조작을 하는 것으로 타깃 전화기의 녹음 기능이 실행된다. 또한 필요할 때마다 원격 조작을 통해 주변 대화를 도청할 수 있다. 누군가의 원격 조작으로 본인이 사용하는 전화기가 자신도 모르게 도청기로 둔갑하여 주변의 대화 내용이 흘러 들어간다는 무시무시한 이야기이다.

동영상 등을 몰래 보고 별도로 PC에 저장할 수도 있다. 패스워드 탈취도 가능하다. 아울러 SIM 카드 교체를 알 수 있다. 그러니까 한번 감염되면 전화번호를 바꾸어도 추적을 계속할 수 있다는 것이다. 이 모든 기능에는 매 건별로 실시간으로 수집된 정보를 이메일을 통해 알려 주는 것도 가능하다. 이것을 보안측정에서 탐지해 낼 가능성은 99% 불가하다.

일반 사용자들은 '문자나 카카오톡으로 받은 앱 설치 금지'이다. 최근 정부 지원금이나 저금리 대출 같은 사기성 문자 메시지를 보내 금융 앱으로 위장한 악성 앱 설치를 유도하는 범죄도 급증하고 있다. 이러한 앱을 설치하면 내 휴대폰 정보가 곧바로 노출되고 필요한 경우 경찰·금융기관 번호로 전화해도 범죄자들이

중간에서 전화를 가로채 확인을 방해한다.

이쯤 되면 내 전화기는 전화기가 아니라 이미 괴물이다.

그럼에도 어쩔 수 없이 당했다면 이렇게라도 하라. 먼저 문제가 된 전화기의 설정에 들어가서 '연결-와이파이, 블루투스, NFC 및 비 접촉 결제 사용 해제' 및 데이터 사용 선택에서 '모바일 데이터 사용 안함' 등으로 세팅 후 당분간은 철저히 인터넷을 배제한 전화로만 사용하여야 한다. 이후 새로운 전화기를 산 다음에는 문제가 된 앞의 전화기에서 전화번호, 사진정보 등을 복사하여 넣지 말고 전화번호만 수동으로 다시 입력해서 사용하도록 한다.

그 외 다른 방법은 없다.

# 여우 사냥

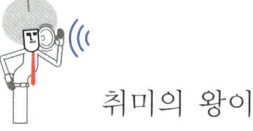취미의 왕이라 불리는 아마추어 무선사들의 게임 중에 '여우 사냥'이라는 것이 있다.

이 게임은 방향 탐지용 안테나를 부착한 수신기로 구석구석 숨겨놓은 전파 발신용 송신기를 찾는 게임이다. 송신기에 가까워지거나 같은 방향일수록 비프Beep음이 더 커지는 것으로 한 개를 찾을 때마다 심사위원의 서명을 받은 뒤, 정해진 시간 안에 또 다른 것을 찾아야 하는 이 게임의 과정은 마치 보안전문가들이 도청기를 찾는 모습과 실제 상황이 사실상 같다.

사실, 아마추어 무선 사업을 하고자 한 것은 아니었는데 미국에 있으면서 아마추어 무선사들을 대상으로 이 장비를 개발하였다.

동, 서, 남, 북으로 입감되는 전파의 방향을 판단하는 수신용 안테나 4개와 GPS에 더해 구글 맵을 이용하게 한 것으로 전파가 발생한 지점을 지도를 따라 추적하여 최종 목적지까지 가서 신호 발생 위치를 확인하고 제거할 수 있는 것이다.

이 장비의 시장을 별도로 만들기 위해서 우리 제품 로고를 미국에서 허가받은 나의 아마추어 무선사 콜사인으로 쓰기로 하고 1급 자격증에 응시했다. 한국에서는 3급보다는 1급을 브랜드 가치로서 더 신뢰하지만 과연 미국인들의 인식은 어떨까 생각하면서도 결국 비슷하리라 판단했다.

처음부터 1급을 볼 수 없는 미국 연방 통신 위원회FCC 규정 때문에 3, 2, 1급을 순차적으로 응시하였다.

FCC에서 최종적으로 부여받은 미국 콜사인 KN2C로 브랜드를, 2020년까지는 열심히 판매하겠다는 의미에서 DDF-2020T™를 모델명으로 정하고 순조롭게 판매에 들어갔다. 오늘 현재도 이 제품은 미국 그리고 전 세계에서 가장 유명한 아마추어 무선용 전파방향 탐지 장비로 자리매김하고 있다.

2011년 초에 판매를 시작하였는데 2023년, 지금도 판매하고 있는 것을 보면 계속 업그레이드하여 이 제품의 모델명을 DDF-2030T로 바꾸어야 할 것 같다.

나도 모르는 사이 미국 아마추어 무선 연맹에서 발행하는 매거진(QST, 2016년 11월)에 4페이지에 걸쳐 리뷰 기사가 실렸다. 캐나다의 어느 햄이 우리 제품을 사 가지고 전체를 뜯어가며 각각의 기능들이 잘 동작하고 있는지 어떤 새로운 기능이 있는지

# KN2C DDF2020T Radio Direction Finder

*Reviewed by Jerry Clement, VE6AB*
ve6ab@shaw.ca

When I was presented with the opportunity to test and review the KN2C DDF2020T with GPS, I was more than a little excited, as I had been interested in this unit for some time. Once the FedEx truck delivered the package, it didn't take me long to get my first look at the unit.

I was immediately impressed by the main control and display unit's appearance, as it had that solid all-metal build I like in a quality product. The housings for the antenna main controller and the antenna modules are also formed from the same heavy-gauge metal as the main control unit. The five roof-mounting modules (for the antenna controller and four whip antennas) have magnets embedded in the housings, allowing them to be quickly and solidly mounted to the roof of your mobile. Over the course of several months, the roof-mounted components stayed in place without moving at all highway speeds driven.

The DDF2020T/GPS unit requires four whip antennas that are available as an option if you do not want to make the antennas yourself. The optional antennas, with BNC mounts, were included with my test unit. They proved to be nicely built and finished in appearance, and they stood up well over several months with them mounted on the roof of my mobile.

You need to supply an FM receiver to complete the package. Over the course of several months with the unit installed in my mobile, I utilized a number of different radios for testing purposes that included my Icom IC-R5 wideband handheld receiver, as well as my Kenwood TH-D72A handheld transceiver. In the end, I achieved my best results with my Kenwood TM-D710A mobile transceiver connected to the unit.

## Installation

When installing the unit in my mobile, I took the time to place split-loom cable organizer over all of the control cables. This makes for a much cleaner install with all cables secure in the black cable housings, and it also allows the unit to be removed and reinstalled quickly without damaging the cables.

With the antenna controller and antenna modules mounted on the center of the roof of my mobile, I took the time to make sure that all the modules were mounted in a square. I made the spacing from the center of the controller to the center of each antenna module 17 inches, with 24 inches between the adjacent antennas. My vehicle has ribs formed in the sheet metal of the roof running front to back, and this allowed me to use the ribs as a reference when laying out the controller and antenna modules in a precise square centered on the roof. The length of the coax connecting the modules proved to be the limiting factor, as this limited the maximum spacing allowed between the main antenna controller module and the antenna modules. Figures 6 and 7 show the antennas.

### Bottom Line
The KN2C DDF2020T with GPS is well built and provides accurate bearings to hidden VHF/UHF transmitters. It can be used alone, or with companion software and a mapping program.

The manual included with the DDF2020T provided the formula $D = 2630/F$ where $D$ is the distance between adjacent whips in inches, and $F$ is the receive frequency in MHz. Working this formula with the various 2 meter frequencies that I planned on using, the optimum distance calculated out to approximately 18 inches, although the distance is not as critical as the preciseness in which the pattern that the antenna modules are laid out in. If you are planning on using the unit on another band as well, such as 222 MHz or 440 MHz, then a better way of laying out the modules would be to make up a template to be temporarily placed on the roof of your vehicle. That would allow a precise way of laying out the controller and antenna modules.

Each antenna module is marked with the four main compass headings of N, S, E, and W. Place the N module toward the front of your vehicle (0 degrees), and the S module to the rear (180 degrees). Place the E module on the passenger's side (90 degrees), and the W module on the driver's side (270 degrees).

Once I had the main unit installed and connected to my Kenwood TM-D710A, the rest of the install proved to be quite simple, as it is all plug and play with all the required cables provided. The GPS receiver housing has a built-in magnetic base, and the cable that connects it to the main control unit is long enough to install it on the roof. I mounted it on the dash beneath the windshield with the metal plate provided for this type of mounting arrangement (see Figure 8).

## Calibration

The next step was to calibrate the unit for my particular installation, a step only required during the initial setup. Once the calibration is done for your particular vehicle, you do not need to recalibrate the unit again unless you install the unit in a different vehicle.

There are several ways that you can use to calibrate the unit, and in my case I used my Byonics Micro-Fox PicCon 2 meter foxhunting transmitter. I placed it in an open area in a rural location away from any potential RF interference, in a spot where I had several hundred meters of open space available to drive in while calibrating the unit. I temporarily placed the DDF2020T control unit on the center console of my mobile, where I could easily access the adjusting potentiometer through the calibration hole positioned in the top of the unit. With the Micro-Fox PicCon transmitting on the foxhunting frequency of 146.565 MHz, I slowly drove toward it while making adjustments with a small screwdriver, and all the while watching the LEDs on the front display of the DDF20T control unit.

The calibration proved quite simple to do while watching the LEDs on the display, as the top center LED stayed a constant blue color once I had the calibration pot adjusted as close as possible. I found that if my initial adjustments were off, red LEDs to either side of top dead center (0 degrees) appeared on the compass circle.

리뷰 기사 – 미국 아마추어 무선 연맹에서 발행하는 매거진(QST, 2016년 11월)에 4페이지에 걸쳐 리뷰 기사가 실렸다.

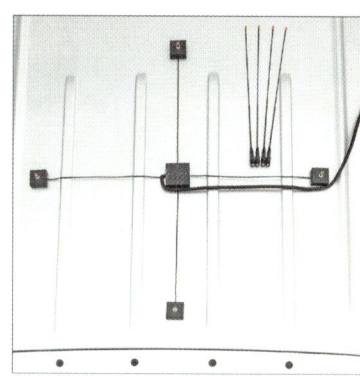

Figure 6 — Ribs in the roof of the author's vehicle made it easier to lay out the magnetic antenna bases in the correct pattern.

Figure 7 — The antennas with whips installed.

Figure 8 — The KN2C DDF2020T control head and display mounted on the dash. The numerical display and LED compass show the bearing to the target transmitter.

I found that it's important that you have the audio of the radio connected to the control unit set high enough to get a stable LED pattern on the display. With the audio on the TM-D710A set correctly, I was hearing a nice clean 430 Hz tone along with the signal being received from the foxhunting transmitter through the speaker built in to the bottom of the control unit. Once the calibration was complete, I found the accuracy of the unit to be very good as I drove in a large circle (200 meters) around the transmitter, with the LEDs on the display's compass circle pointed precisely at the location of the transmitter.

With the calibration complete, and over the course of several months with the DDF2020T mounted in my mobile, I checked the calibration from time to time and found that the accuracy of the unit stayed true without any further calibration adjustments required. It should be noted that the bearing displayed on the control unit (as to where the hidden transmitter is located) is relative to the direction the vehicle is facing.

### Software Setup

Also included with the DDF2020T/GPS unit was *Navi DF-2020* DF plotting software, which I loaded onto the *Windows 7* netbook that resides in my mobile. The software allows for plotting DF bearings on a map display loaded on a computer. The computer is connected to the DDF2020T/GPS unit through the RS-232 output located on the rear panel. You may need to supply a USB-to-RS-232 serial adapter cable to complete the hook-up between the main unit and your computer.

The recommended program for mapping is Google Earth, available online. I initially downloaded the free version of Google Earth to my netbook. It's important to note that Google Earth requires an Internet connection to function, although it is possible to save map images to your computer for use without an Internet connection. I chose to use my smartphone as a Wi Fi hotspot while running Google Earth in my mobile. With the *Navi DF-2020* display superimposed on the Google Earth map (see Figure 9), I found my netbook to be somewhat on the small side for optimum viewing.

I then loaded Google Earth along with *Navi DF-2020* on my Microsoft Surface Pro 4 running *Windows 10 Pro*, and switched out computers connected to the DDF2020T/GPS unit. This led to a problem — although the Surface Pro 4 was seeing the USB/serial adapter cable, there was no communication between the computer and the Doppler unit. After some investigation I suspected that my older USB/serial adapter was not compatible with *Windows 10*. Updating the driver didn't help. I bought a new USB/serial adapter cable that I promptly installed while still in the parking lot at my local computer store, and I was up and running right away. Figure 10 shows the DDF2020T on top of my mobile equipment stack, with the computer on the center console.

It's important to note that Google Earth and *Navi DF-2020* are separate programs, and plotting information cannot pass directly between them. *Navi DF 2020* creates a KLM file stored in the *Navi DF-2020* folder on the computer. Google Earth needs to be instructed to reload the KLM file at regular intervals, allowing for the information stored in the KLM file to be refreshed and displayed on the map. Of course, there is a learning curve to using both Google Earth and *Navi DF-2020*, so some time will be required to become proficient in using either program. I was already familiar with Google Earth, having used it over the years.

### Using the DDF2020T

Things get mighty busy in a mobile environment when you're using both the DDF2020T unit and companion software, nevermind the other equipment you may be using. Therefore, when you plan on running with the computer connected in your mobile, an operator seated in the right seat is a requirement, not an option.

With everything operational, it was a pleasure to see the locations for both the hidden transmitter and my mobile placed on a map on my computer screen. I did run into one snag that I couldn't seem to overcome, that being the plotting of the bearing lines on the map. A GPS input is required for this function, and I had that in the form of the GPS receiver that came with the unit. It was functioning correctly as noted by the updated lat/long coordinates shown on the *Navi DF-2020* display, but I never had any success plotting the bearing lines on the map. I suspect that the latest version of Google Earth that I was using was not compatible with the *Navi DF-2020* software supplied with the Doppler unit. Still, the DF plots placed on Google Maps were quite informative regardless of the missing bearing lines.

There are a couple of things to be aware of. The bearing to the hidden transmitter reading out on the display of the control unit itself is shown in reference to the orientation of your vehicle. The bearing to the same transmitter displayed in the *Navi DF-2020* software screen is given with respect to true north. Also, when the speed of your

Figure 9 — The *Navi DF-2020* software window superimposed on a Google Earth map.

Figure 10 — The KN2C DDF2020T control head installed on the equipment stack in the author's vehicle, along with the computer running the software.

vehicle drops below 3 MPH, or when you are stationary, the *Navi DF-2020* display shows SPD in the control window that normally displays the bearing to the target.

### Finding Hidden Transmitters

The majority of my testing with the DDF-2020T with GPS was done through the use of my Byonics Micro-Fox PicCon, a 1 W foxhunting/hidden transmitter. I placed the transmitter in various strategically chosen locations that allowed me to test the Doppler unit for its multipath capability. Living in the city of Calgary, with a population of more than 1.2 million people and many tall buildings, allows for lots of stray RF to be present. I found there were times that the multipath proved to be challenging while trying to get a reliable bearing on the transmitter. However, after gaining quite a bit of experience with the DDF-2020T, and with regular transmissions coming from the transmitter, I was able to see a pattern develop that gave me the insight required to find the transmitter under less than ideal conditions for foxhunting.

I also had the opportunity to test the unit while tracking radio signals other than those from my own hidden transmitter, although most of this hunting was done without the extremely tough multipath conditions present in the core of the city. The DDF-2020T/GPS proved to be more than up to the task, with the capability to drive right up to these transmitters, and right over them if it would have been possible. I found that unlike direction finding with my handheld tape measure Yagi, where you need an attenuator to overcome the strong signals as you close in on the hidden transmitter, the Doppler unit thrives on strong signals. This allows you to drive right up to the transmitter without any hesitation or attenuation required.

When searching out transmitters located too far away to be heard initially by the Doppler unit with its vertical antennas, I got out my tape measure Yagi, connected it to my Kenwood TH-D72A handheld, and scanned the horizon till I got a fix on the transmitter. Then I drove in that direction until the Doppler unit began giving me a bearing to the transmitter on the display. Once the Doppler unit started displaying the bearing to the transmitter, it was then as easy as driving to the location of the hidden transmitter.

### Tracking an APRS Equipped Balloon

A bonus that occurred toward the end of my testing was the opportunity to take part in an APRS high altitude balloon flight. Brian Jackson, VE6JBJ, a science teacher at a school in Airdrie, Alberta (just north of Calgary), along with his science group called the Airdrie Space Science Club, launched a balloon from Carbon, Alberta. Over the course of the two hours that I tracked the APRS equipped balloon with the help of the DDF-2020T, and staying within 50 kilometers of the balloon as indicated by the flight info being beaconed by VE6JBJ-13, I found that elevation is everything. The transmitter output power of the APRS tracker located in the payload of the balloon was only 350 mW, yet the Doppler unit was able to provide a bearing on the display whenever the tracker beaconed.

After the balloon burst, the payload began its descent to the landing area just north of Castor, Alberta. As the parachute slowed the descent of the payload, we were able to close in on the landing area. Over the last 20 kilometers, the DDF2020T had a solid fix on the beacons being transmitted every 30 seconds, providing the bearing to the payload approaching the ground. The last bearing displayed by the DDF2020T was about the time I ran out of road, placing us 2 kilometers from the payload on the ground. At this point I got out my tape measure Yagi and TH-D72A handheld transceiver, pointed it in the direction of the last bearing displayed on the DDF2020T, and I listened for the next beacon to be heard and decoded by the TH-D72A. Once I had the direction and distance shown on the transceiver's screen, we headed out on foot to recover the payload, located in a nearby farmer's field. We were able to take additional readings on the direction and distance to the payload along the way.

After 2 months of using the DDF-2020T/GPS unit in my mobile, I can say that this unit impressed me with not only the quality of the components that make up the unit, but more importantly on how well this Doppler unit was able to locate transmitters on the ground or in the air. This is the only Doppler unit that I have firsthand experience with, but having said that, I can say that I highly recommend the DDF2020T/GPS.

*Manufacturer:* Global TSCM Group, Inc, 12 W 32nd St, Suite 604, New York, NY 10001; tel 212-967-4030; **kn2c.us**. Price: $398 with GPS, $348 without GPS, $60 for four whip antennas.

장단점을 꼼꼼하게 분석한 기사였다. 이 기회를 통해 전 세계의 햄들에게서 커다란 호응을 받았음은 물론이다.

오하이오주 데이톤에서는 1952년부터 햄 페스티벌을 개최하고 있는데 2박 3일 이루어지는 이 행사에는 4,000여 개의 신제품과 중고품 부스가 자리를 꽉 메운다. 그뿐 아니라 햄 입문 교육, 자격시험 그리고 각종 세미나도 열리는데 보고 배울 점이 정말 많다.

그 외 플로리다주 올랜도, 마이애미에서도 비슷한 행사가 열려 매번 부스를 가지고 나갔다. 미국 남부의 끝자락 키웨스트에서도 조그만 마을에서 햄 페어가 열린다. 특히 동부의 MIT 공대 캠퍼스에서 개장하는 정크 시장에서는 방향 탐지와 위치추적에 관심이 많았는데 그 외에도 대학의 이미지에 걸맞게 신선한 아이디어를 볼 수 있는 제품들도 많아 매년 행사에 정말 보람 있게 참여하였다

이렇게 여러 지역의 햄 페어를 다니면서 나는 1920년대, 1935년대, 1950년대 등의 그야말로 보기 힘든 진공관 라디오를 구하는 데에도 눈길을 놓치지 않았다. 100년이 넘은 것들도 많다. 이것들은 모두 정상 작동을 하는 것이다. 그 덕분에 지금도 틈만 나면 가슴 벅차게 라디오들을 들여다보는 취미가 한 가지 더 늘었다. 여기서도 나는 쓸데없는 고집을 부렸다. 그것은 아무리 오래된 진귀한 물건이 눈에 띄어도 라디오가 아니면 관심조

차 없다는 것이다.

지금 DDF-2020T™는 여우 사냥을 넘어 불법전파, 중계기 사용에 방해를 주는 것까지 잡아내는 장비로도 사용되고 있다

**고물상** – 여러 지역의 햄 페어를 다니면서 나는 1920년대, 1935년대, 1950년대 등의 그야말로 보기 힘든 진공관 라디오를 구하는 데에도 눈길을 놓치지 않았다. 100년이 넘은 것들도 많다.

# 얼마 전, 미국의 ＊＊장관이 서울에 왔을 때

어떤 사람이 카카오톡으로 전화를 걸어왔다. 받아보니 미국에서 출장을 나왔는데 보안 관련 상담을 하고 싶다고 했다. 사무실 위치를 알려주고 약속한 시간에 만났다. 알고 보니 우리와 같은 일을 하고 있었는데 이번에 방한한 미국 ＊＊장관 수행을 왔다고 했다. 보안 담당자가 미리 입국하였다는 이야기는 중요 정보가 노출되지 않도록 숙소에서든 미팅 장소에서든 어떤 일을 했는지 짐작할 수 있는 대목이다.

우리를 어떻게 알았냐고 물었더니 미국 정부기관에 납품하는 보안장비 업체와 여러 가지 이야기를 하던 중에 "뉴욕에서 같은 사업을 하는 한국인 Gyo An을 알고 있느냐고, 무척 활발하게 활동하던데" 하며 물어 왔다고 했다. 그때 사실 나와 직접적인 대면은 없었지만 웹 사이트 등을 통해서 알고 있었다고 한다.

사실 내가 미국에서 활동할 때 신장비 개발을 위해 현지 보안장비 업체를 무척이나 찾아다녔는데, 그 업체는 버지니아주에 있는 회사였다.

상담하러 몇 차례 갔는데 나의 행동반경 내에서 얼마나 보안에 신경을 쓰던지 화장실에 다녀오며 돌아섰더니 어느새 뒤에서 기다리고 있고, 심지어 카탈로그도 우리가 요청해서 NDA(기밀유지협약서)를 작성한 필요한 제품만 보여주고 나머지는 감추는 정도였다.

미국과 유럽 업체의 보안 의식 차이가 고스란히 드러나는, 미국은 가능한 한 감추고 유럽은 모든 걸 내보여주는 좋은 본보기였다.

# 홍콩에서 우리를 소개받았다며

전화가 한 통 걸려 왔다. 모 외신 기자라고 하는데 상담 전화였다.

약속한 당일, 강남 ＊＊＊ 의 한 빌딩으로 안내되었고, 그곳부터는 건물 관리인 측의 안내가 아니라 비서실의 안내로 이동했다. 그런데 사실은 비서실 직원도 우리와 상담했던 기자의 지시에 따르고 있었다. 그러니까 비서는 VIP의 사무실, 회의실 문만 열어 주고는 어디론가 가버렸다.

한국에 상주하고 있는 미국 회사였다, 홍콩의 모처에서 우리를 소개받았다고 한다.

사실 홍콩의 누구라고 말하기 전에는 내가 알고 있는 업체였는지 여부는 알 수가 없었다. 내가 알고 있는 곳도 몇 군데 되었기 때문이다. 한참 시간이 지나고 모든 항목의 점검을 마쳤다. 이어서 한남동의 저택으로 향했다.

이동하며 들어보니 그 회사는 정기적으로 홍콩에서 보안점검을 나왔는데 이번에는 사정이 생겨서 못 나온다며 우리를 소개해서 알게 되었다는 것이다.

사실 외국계 회사의 점검은 종종 이루어져 왔다. 그러나 외국에서 직접 소개를 받고 점검을 하게 된 경우는 처음이었다.

그 이후, 우리 측에서 정기적인 보안점검이 꾸준히 이루어지고 있다.

문득 앤드루 카네기가 책에서 썼던 문구가 생생하게 떠 오른다.

— 성공에는 아무 트릭도 없다.

나는 나에게 주어진 일에 전력을 다했을 뿐이다.
굳이 말한다면 보통 사람보다 아주 조금만
보다 양심적으로 노력했을 뿐이다.

# 그들은 왜 [텔레그램]을 써야만 했나?

각 유저들의 사생활을 강력히 보장하는 메신저, 속도와 보안, 언제든지 수정, 삭제(흔적 없음). 간편한 접근성, 특히 보안성이 굉장히 디테일한 텔레그램이 사용자들의 인기를 얻고 있다. 국회에서 유력 정치인들이 은밀하게 사용하는 모습이 방송사 카메라에 잡히고 종종 논란이 되어 온 텔레그램은, 요즘 정보공유 수단으로까지 발전하여왔다.

텔레그램, 사실은 매우 훌륭한 프로그램이다. 너무 좋은 프로그램이라 소문난 덕분에 정치인들이 사용하면서 한편으로 국내에서는 안 좋은 이미지도 얻게 된 케이스. 그러나 역으로 더 많이 사용하는 메신저이다. 사실 가장 중요한, 보안이 강력하다는데 필요한 유저는 쓸 수밖에 없다.

그들이 텔레그램을 써야 하는 이유는 단순했다.

보안 관련 모든 사항은 진화를 거듭하고 있다. 속이고 싶고 비밀을 지켜야 하는 인간 사회의 속성은 변치 않는다.

# '1등 도청보안 전문가'가 되기 위한 노력은 계속된다

그간 고객을 만나거나, 인터뷰하며 기자를 만나거나 나에게 던져지는 가장 많은 질문은 하나같이 "전직, 어디 계셨어요? 국정원? 아니면 기무사?" 등이었다. 물론 대답은 "노."였다.

그동안 수많은 사건 사고를 보아왔다. 그리고 도청공격 기술은 매회 놀랄 만큼 경신된다. 그곳에 감춰진 기술을 찾아내는 것이 나의, 우리 업계의 가장 중요한 일이다.

대기업 회장실, 남북정상회담, 서울 G20 정상회의, 전직 대통령, 유력 대통령 후보 캠프, 대통령 당선자 캠프, 헌법재판소 대통령 탄핵재판(2회), 전·현직 국무총리, 3부요인 등, 많은 VIP 고객들을 만났다. 그 어떤 때보다 긴장 속에 보낸 시간들이었다.

## 최보식이 만난 사람
### 당신은 盜聽으로부터 안전한가… 국내 최고 도청 방지 전문가 안교승씨

# "누군가 다 엿듣고 있다… 박근혜 탄핵때 憲裁에 도청 방지기 설치"

"2006년 '삼성 X파일' 사건과 안기부 도청 조직 '미림팀'의 존재가 우리 사회를 뒤흔들었습니다. 누군가 다 엿듣고 있다는 공포감… '서울에는 비밀이 없다'는 말까지 나왔지만 그 뒤로 조용해져 디지털 도청 기술 놀랄 만큼 발전했는데 과연 도청 없어졌을까"

"영듣고 도청 없는게 뭐냐"를 물었던 국내 최고의 도청 방지 전문가 안교승(66)씨는 片교(偏橋)의 세계로 나를 안내했다.

"도청을 당하고 있으면서 그런 사실을 인지했는지 조차 못 하는 세상이 됐습니다. 프랑스 파리에서 2년마다 '밀리폴(Milipol)'이라는 첨단 스파이 장비 전시회가 열립니다. 가령 외부 정부의 고위급 이 호텔에 묵고 있으면 옆방에서 소용이 없는 드릴로 벽을 뚫어 6mm 바늘형 도청기를 심는 게 가능합니다. 호텔룸 키, 콘센트, 볼펜, 스탠드, 충전기, 자동차 키, 신용카드 등에 도청을 붙여 넣습니다. 미소(微小) 마이크가 흔적도 없이 설치된 괴물식 도청기들은 전 거리에서 실전에서 이 연장 속 목표 인물에 대화를 증폭하여 청취할 수 있습니다."

— 보통 사람들이 사는 세상과는 동떨어진, '007 영화'에나 나올 수 있는 이야기로.

"과거에는 스파이만 사용하던 도청기가 이젠 일반 생활 속으로 깊숙이 파고들고 있습니다. 스마트폰에 도청 앱을 심거나 컴퓨터 마우스나 케이블에 초파되는 이 이동통신망으로 전송합니다. 이런 부품이 2만~3만원에 인터넷에서 거래됩니다."

— 도청 탐지를 해달라는 대통령 후보들의 의뢰도 있었다고 했지요?

"2002년 대선 당시 이회창 후보 측에서 '청와대, 회의실, 자택, 금융자산 내역까지 다 알려다'고 했습니다. 당시 정치권 후보 측에서 요청이 많이 도의적으로 양측 모두 할 수 없었습니다. 2007년 대선에서 이번엔 후보 사무실에 대해 도청 방지를 할 경우 방지 장비를 설치했습니다. 그리고 검찰 수사가 뻗친 전직 대통령 사저에서도 도청 방지 장비 설치를 해달라 해준 적도 있습니다."

— 박근혜 대통령 탄핵 재판 때 헌법재판소에도 도청 방지 장비를 설치했다고요?

"헌법재판소 의뢰를 받고 나서 대통령 탄핵 관련 심각했습니다. 그 전까지 노무현 대통령 시절 탄핵 재판 때도 그랬습니다. 김대중 정부 시절 남북정상회담이 열렸을 때 모두 디지털 도청기인 신용카드, 마우스, 케이블 코드 안에 있어 놀랐다."

소음국 롯데호텔 상황실 등에 도청 방지 장비를 설치했고, 2010년 서울 G20 정상회의가 열렸을 때도 우리 쪽에서 도청 방지 장비를 구입해갔습니다."

"과거에는 주로 유선 전화기를 도청하는 수준이었으나. 봉화 중에 걸려가도 가 들어나지만 도청을 잡아 외치셨죠.

"아날로그 도청기는 주파수를 쉽게 잡아낼 수 있어요. 하지만 디지털 도청기는 음성을 암호화해 송출합니다. 이 때문에 의심 전파를 찾아내고 그게 도청 신호인지 아닌지 가려내기가 어렵습니다. 사무실에 도청을 설치하지 않고도 400m 떨어진 곳에서 도청이 가능해지 입겠습니다. 이중 유리로 된 빌딩이 주변에 있을 수 없는거죠."

"그런 도청 기술이 있으면 대통령이 어디에 모일 때 있을까요?

"메이저 도청을 박으려면 대통령의 진동 을 교란시 실시간 해독해 알지 못하게 해야 합니다. 그런 방지 장비가 개발돼 있었지만, 우리는 여전히 아날로그 방식 수준이며 선진국과 차이 많습니다. 청와대 전호실도 제가 장비를 쓰고 있는 걸 보고 있습니다. 가장 첨단인 것을 찾아야 답인데. 우리는 대개 대당한 것입으로 마수한 현실입니다."

그는 학창 시절 '아버지에 무선통신 마니아'였다. 군 부무 안에 모든 안을 흐림 플을 녹음기로 연결해 자동 녹음 전환기를 만들기도 했다. 시회에 나와서는 무역수, 재확 산 회사 하다가 1520체레도 교신할 수 있는 무전기를 개발했다. 하지만 얼업 실패로 부도를 맞았다.

그는 자신 오래 시간 신용 불량자 신세로 지냈습니다. 1992년 대선을 앞두고 '초'

원 복지 사건' (김기춘 법무부 장관 등이 민주당 김영삼 후보를 당선시키기 위해 지역감정 조장해, 있는 선거 대책 중 국민당 정주영 후보 측에서 다른 도청에 대한 방지 시엽을 떠올렸고 도청 방지 기술 위주로 해결했다. 그때 "도저히 도청을 할 수 있을 만한 수 없었다.

그는 세금 사이트를 뒤져 관련 부대 부품 구입했다. 도청 방지 기업 관련된 서적도 주문했다. 그렇게 해서 1996년 도청 탐지기를 찾아내고 도청기와 이동추적이 가능한 수신기를 제작했다. 그는 언론에서 '산업스파이 잡어내' 또 크게 보도된 자료를 모았다. 맨 처음 한 종권 회사에서 관심을 보기 시작했다. 의장실과 결제실, 비서실에도 도청기가 발견됐다면 봐도 초인이 쇼핑했으나. 두 번째 주문은 국내 재벌그룹 경현장 소속 것에 대비해 별도로 초소형 감지 카메라를 설치합니다. 수사기관에 신고한다는 일은 거의 없습니다. 기업이나 회장 아머 이미지에 손상을 준다는 것이 이유지요.

— 내 기억으론 산업스파이의 기업 비밀 유출과 도청의 심각성 알리 사회에 본격 보도되기 시작한 것은 1998년이었다.

"IMF 시절 부도 기업의 준자재편인 여부·행배을 위한 정보 수집에 무엇도 있을 겁니다. 그동안 음지에 감춰져 있던 도청 사건들이 표면에 노출되는 것이지요. 언론에서는 사회적 문제로 연일 다뤘습니다. 정부 부의에서 신문에 국민 여러분 안심하라"이래 대문짝 만한 광고를 내기도 했습니다."

— 당시 도청 공포를 너무 부풀린 인상이 생겨 먼저 보여지고 불만식 화산시킨 측면도 있었지요?

"그런 일이 있었다고 합시다. 가령 회계 건 경쟁권 싸움으로 A그룹이 계열 분리되었고, 동북 쪽에서 도청 방지 장비를 찾기에 해봤다는 주문을 잔뜩 해왔습니다. 회장인지 그런 도청 방지 장비를 설치해주었으니 못 믿지 못해했다는 것이었지요."

— 믿지 못한다는 뜻은?

"첫 한번 도청 탐지 방식이 아니라 도리어 자신을 감시하는 도청 장치라서 모르는 의심이 였었다는 겁니다. 시설 정보 보기관에서는 도청 장치 결과에 대해 도청 탐지 후 보안 담당이 서명해 봐왔습니다. 그렇지 하니 해당 인사들은 반드시 세계 세간을 의뢰해옵니다. 자기 기관에서 점검해준다 해도 오히려 도청 기관 새로 설치했다가 모른다는 의심 때문이었지요."

— 무엇보다 자신이 사용하는 휴대폰도 도청에 대한 불안이 있습니다. 김대준 정부 시절 한 거대 야당 의장실에서는 '특정 기업의 인수와 관련해 정권 실세에서 비밀 양 정보 증언 라이 어떻게 해야 할지 문제로 심각히 검토한 내용 진술' 보도되었나. 노사 갈등이 심한 회사 노사 양쪽으로부터 거의 동시에 휴대 전화의 도청 방지기 해달라는 요청을 받지 큰 당명 받아입니다. 그만큼 양측 모두에서 도청에 대한 공포 크다는 얘기가 나오는 겁니다.

— 당시 도청기는 어떤 수준이었나요?

"아날로그 방식이라 대부분 잠산 제품 이었습니다. 이곳 찾아내기 쉬웠습니다. 휴대 전화가 발전하면 문제 수치합니다. 이 후 디지털로 바뀌면서 CDMA(부도 다중 접속) 방식이기 때문에 도청은 사상상 어렵다는 것이 정부에서 나올 공식 입장이었습니다.

"안 100건 중 6~7건에서 도청 장치가 발견됩니다. H그룹 회장은 임원과 단둘이 한 만 이야기를 다른 대서 불게 되면서 도청 눈치를 챘다고 합니다. 그 뒤로 친무실과 라디오를 틀어 놓고 예기하거나 별다른 주의를 기울이겠다고 합니다. 제가 한 탐지회사에 회장실 천장의 상들리에 안에 약 도청기가 들어 있었어요. 노사 갈등이 심했던 한 기업에서는 노사 양측으로부터 거의 동시에 탐지 의뢰를 해왔습니다. 그만큼 양측 모두에서 도청의 초소형기 카메라가 나와습니다."

"외국인 기업에서 의뢰가 이어졌다. "안 100건 중 6~7건에서 도청 장치가 발견됩니다. H그룹 회장은 임원과 단둘이 한 만 이야기를 다른 대서 불게 되면서 도청 눈치를 챘다고 합니다. 그 뒤로 친무실과 라디오를 틀어 놓고 예기하거나 별다른 주의를 기울이겠다고 합니다. 제가 한 탐지회사에 회장실 천장의 상들리에 안에 약 도청기가 들어 있었어요. 노사 갈등이 심했던 한 기업에서는 노사 양측으로부터 거의 동시에 탐지 의뢰를 해왔습니다. 그만큼 양측 모두에서 도청의 초소형기 카메라가 나와습니다."

"4천분의 1에 해당하는 암호 코드에 맞추어 한다 그게 불가능하다고 봤거든요. 당시 시민 '삼성 신은 또 바뀌는 압호를"

패턴을 알면 간단히 도청할 수 있다"고 말했지요. 이 때문에 검찰에 참고인으로 소환돼 조사받기도 했습니다. 사실 그 때 이미 해외에서는 휴대폰 도청 장비가 유통되고 있었지요."

— 그 사건을 계기로 세상 사람들은 자신이 쓰는 휴대폰이 도청될 수 있다는 걸 알게 됐지요.

"당시 정부로서는 휴대폰 도청을 막을 개별 스마트폰 도청은 너무 손쉬워졌지요. 스마트폰 도청 앱만 심으면 위치, 대화 내용, 문자, 메모, 카카오톡, 사진 등을 모두 볼 수 있습니다. 휴대폰은 남에게 장시라도 건네주면 안 됩니다. 낮선 이메일이나 문자는 클릭 말고 바로 지우세요. 휴대폰을 안 만질 때는 안심 가방이나 파우치 타사에서 무료로 배포하는 '폰 안티도청 앱'으로 자가 진단해볼 수 있습니다."

— 이런 대화의 해답은 주지 못한 채 도청 염려하는 부추기는 것 아닌가요. 정부나 기업에서 방지 장비를 구매한 후 한다니 해주는 셈이니 말입니다."

"우리가 무방비로 도청되고 있을 수 있다는 걸 알아야 하지 않겠습니까. 양어 나 숨겨도 그 속에서도 여전 수도 있지만. 문제의식이 있어야 나중에라도 당해 놓지 않을 겁니다."

신임기자

---

**조선일보 기사 20190506** — 대기업 회장실, 남북정상회담, 서울 G20정상회의, 전직 대통령, 유력 대통령후보 캠프, 대통령당선자 캠프, 헌법재판소 대통령 탄핵재판(2회), 전.현직 국무총리, 3부요인 등, 많은 VIP 고객들을 만났다.

#전체기사　#시큐리티월드　#사건사고　#프리미엄 리포트　#보안리포트　#SECON

Home > 전체기사

## 2020년 TSCM 글로벌 기업 순위 발표, 한국기업 '글로벌티에쓰시엠그룹' 4위 기록

좋아요 15개　| 입력 : 2021-02-05 11:20

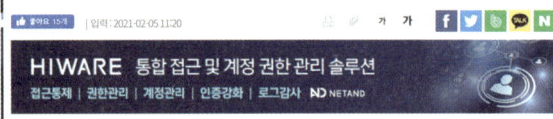

**통신보안·도청방지 산업 동향 발표에서 국내 기업 글로벌 4위 기록**
**글로벌티에스엠씨그룹, 향후 도청보안 감리사업 본격화할 계획**

[보안뉴스 이상우 기자] 지난 1월말 미국 Orbis Research, 영국 Reports Monitor, 홍콩 HongChun Research 등 5곳의 글로벌 시장조사 업체가 2020년 TSCM(통신보안·도청방지) 산업 대한 동향과 함께 오는 2026년까지 시장 전망을 분석해 발표했다. 해당 연구보고서는 통신보안 업계에서 다양한 경로로 수집한 주요 사업자의 시장 영향력과 TSCM의 글로벌 시장현황을 분석한 결과다.

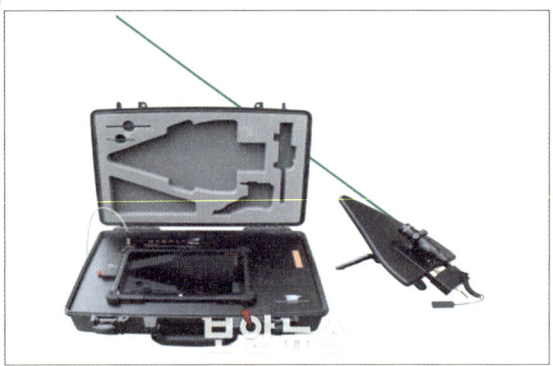

▲도청탐지장비[The Stealth TEAM[사진=글로벌티에쓰엠시그룹]

조사 항목은 전자도청감지, 감시 및 방지서비스, 도청 및 초소형 카메라 감지, 통신보안(COMSEC) 등이다. 이번 연구에서 상위 11개 글로벌 TSCM 기업은 순위에 따라 △MSA Investigations △Kroll △Exec Security △Global TSCM Group, Inc △QCC △UK TSCM & SECURITY EXPERTS △AS Solution △Pinkerton △MIAS TSCM △ComSec △LaSorsa & Associates 등이다.

아시아 지역 기업으로는 국내 기업인 '글로벌티에스엠그룹(Global TSCM Group, 대표 안교승)'이 4위에 랭거되는 쾌거를 달성했다. 글로벌티에쓰시엠그룹은 정부기관, 군, 대기업 등에서 사용하는 관제형 365일 상시도청감시 장비를 생산 및 공급하고 있다. 특히, 아날로그형 도청기 및 일부 디지털 전파만 감시하는 장비와는 달리 전문가급 주파수 도약(FHSS), 휴대폰 스파이 앱 등 최첨단 도청기를 감시할 수 있는 디지털 전파 감시장비를 제조해 북미, 유럽, 중동 등에 수출하고 있다.

또한, 각국 방산전시회 및 컨퍼런스 참여 경험을 바탕으로 도청보안 감리사업도 실시하고 있으며, 향후에는 도청장비에 대응한 장비가 실제로 4G·LTE, 5G, 와이파이, 전문가급의 주파수 도약 등 디지털 공격에 제 기능을 하는지 여부를 투명하게 검증하는 분야로 사업을 확장할 계획이다.

글로벌티에쓰시엠그룹 관계자는 "이러한 신규사업 진출로 정부기관, 지자체 등을 포함한 대기업 보안담당자는 기존에 사용하는 보안장비에 대한 실질적인 도청공격의 검증절차를 거치면서 신뢰할 수 있는 장비로 도청 보안활동 업무를 할 수 있을 것으로 기대한다"고 말했다.

[이상우 기자(boan@boannews.com)]

**시큐리티 기사** – 글로벌 시장조사 업체가 2021, 2022, 2023년 TSCM(통신보안·도청방지) 산업 대한 동향과 함께 오는 2030년까지 시장 전망을 분석해 발표했다.

미국 Orbis Research, 영국 Reports Monitor, 홍콩 HongChun Research 등 5곳의 글로벌 시장조사 업체가 2021, 2022, 2023년 TSCM(통신보안·도청방지) 산업에 대한 동향과 함께 오는 2030년까지 시장 전망을 분석해 발표했다.

실제로 우리 회사는 아시아 권역에서는 단독으로 글로벌 4위에 올랐다. 해당 연구보고서는 통신보안 업계에서 다양한 경로로 수집한 주요 사업자의 시장 영향력과 통신보안의 글로벌 시장현황을 분석한 결과다.

한편 언젠가 말한 내 보안 인생의 버킷리스트 'AI(인공지능)를 탑재한 N세대 [자동 도청감시 위치추적 시스템]'은 상당 부분 진척이 되었고, 일부 특정 기술은 특허 출원도 마친 상태이다.

앞으로 이러한 소중한 경험들을 모아, 누군가 외부 공격자들의 암약에 은밀한 포착, 대응을 할 수 있는 자신감으로 '대한민국 통신보안'에 작은 힘이라도 보탤 수 있었으면 한다.

# 엿듣는 도청,
# 엿보는 몰카

매번 책을 쓰면서 당시의 시대적 사회 환경, 보안 환경을 이야기해 왔고 더러는 호소하기도 했다. 3번째 책 <엿듣는 도청, 엿보는 몰카> 편에서는 아날로그 도청기에서 더 이상 발전이 없는 줄 알고 안심하는, 의외로 꽤 두꺼운 고객층이 있어서 디지털 도청 공격 장비의 실태, 시장 동향을 강조하기도 했다.

고객층에게 제대로 알려야 하기 때문이었다.

그래도, 굳어 있는 생각을 깬다는 게 쉽지는 않았다.
아니면, 복잡한 디지털 도청 "어쩌구…차라리 모르고 편히 살든가" 하는 느낌도 묻어났다.

# 도청검증, 안교신交信이
# 나설 수밖에

그동안 도청감시 업무를 해 오면서 정말 안타깝고 답답한, 내 마음을 다급하게 만드는 일이 있다. 그것은 다름 아닌 누군가 주변에서 엿들어도, 또 다른 정보를 빼가더라도 피해 당사자는 그 사실을 전혀 알지 못하고 있다는 것이다. 우리가 상상하기 싫은 가장 무서운 경우이다.

사실 그도 그럴 것이 현재 사용하는 장비가 무늬는 디지털인지 모르겠으나 속 내용은 거의 아날로그 시대의 것이기 때문이다. 만일 어떤 기기를 도청기라고 하면서 "아~ 아! 테스팅" 하는 것을 도청감시 장비에서 들려주고(복조) "이렇게 나타난다."라고 설명한다면 그것이 바로 아날로그 장비라는 것을 '모르는 사람들' 앞에 실토하는 것이다. 그리고 디지털 도청방식은 암호화되어 도청으로 복조(청취)할 수도 없다.

예를 들어 소프트웨어, UI가 잘 되어 있다고 해서 '쉽사리' '덜컥' 디지털 장비가 되는 것이 아니다. 가장 중요한 것은 화려한 소프트웨어가 아니라 숨겨진 신호를 찾아내는 것이다. 실제로 스마트폰, 와이파이, 기타 여러 가지의 전문가급 도청 기술 등을 감시, 해당 기술에 맞게 분석, 결과를 내놓을 수 있는 것이 진짜 디지털 장비이다.

한 가지 더, 위에서 했던 복조 테스트는 '도청 신호의 유무와 관계없이 전기통신상에서 당사자의 동의 없이 음성·영상신호를 복조, 녹음할 경우「통신비밀보호법」제16조(벌칙)에 의거 10년 이하의 징역에 처한다'라는 관련 법규가 있다. 즉, 아날로그, 디지털 방식을 떠나 불법이라는 이야기이다.

아무튼, 그렇게 된 이유는 장비 설치 후 전혀 검증을 하지 않기 때문이다. 아니 고객 측에서 설치 전에 아무런 검증 없이 단순히 도입을 결정하였기 때문이다. 사전에 조금만 관심을 가졌어도 이런 일은 없다. 최소한 스마트폰 또는 와이파이 AP만 가지고도 초보적인 디지털 방식의 테스트는 할 수 있다.

얼마 전 이니셜 한 글자만 들어도 깜짝 놀랄 B그룹의 의뢰를 받고 검증 작업에 나섰다. 결과는 기가 막혔다. 수도권 *개 사업장에 대하여 검증작업을 하였는데 15년 전에 설치한 구형 장비나 최근 설치한 신장비나 모두 똑같이 아날로그 신호만 감지되었다. 초일류 대기업으로 불리는 곳 중의 한 곳, 그러나 도청이 되고 있어도 아무런 대책이 필요 없었다. 그러니까 디지털 방식의 도청이 이루어지더라도 그 사실을 인지하지 못하기 때문에 "아, 우리는 괜찮다."라고 하는 것이다. 해당 그룹에서는 이번 검증 의뢰의 중요성을 인식해서 우리가 여러 사업장을 검증하는 동안 주력회사㈜ 담당부서 책임자가 직접 입회하여 다행히 검증 확인, 의사전달은 충분히 되었다. 다시 E그룹의 검증 의뢰가 이어졌다. 결과는 똑같았다.

십여 년 전부터 우리나라에 도청 이슈가 왜 없는지도 생각해 볼 일이다. 만일 이러한 사실이 국내는 물론 해외에 알려지는 경우 어떻게 될까? 세계 각국에서 암약 중인 산업스파이들이 한국에서만큼은 아날로그 지역이라며 더욱 거침없이 활개 칠 것이 아닌가? IT 강국 대한민국에서 있을 수 없는 일이다. 이 건은 심각하게 고민하여야 할 당장 눈앞의 큰 문제라는 것이다.

이 대목에서 '내가' 나서야겠다.

앞으로 우리 회사의 주 업무를 도청감시 업무에서 당분간 검증사업, 감리업무 우선으로 바꿀 것이다. 즉, 지금까지 세상에 없었던 도청검증 사업에 일정 기간 진출할 것이다. 이 사업은 어느 특정 구역에 대해서 도청보안에 관한 유지, 관리가 잘 되고 있는지, 다시 말해 외부 도청공격에 기계적, 물리적으로 유효한 대응을 하고 있는지 실제 디지털 도청기와 유사한 여러 가지 스펙의 계측기를 이용해서 점검하는 것이다. 그리고 그 결과를 바탕으로

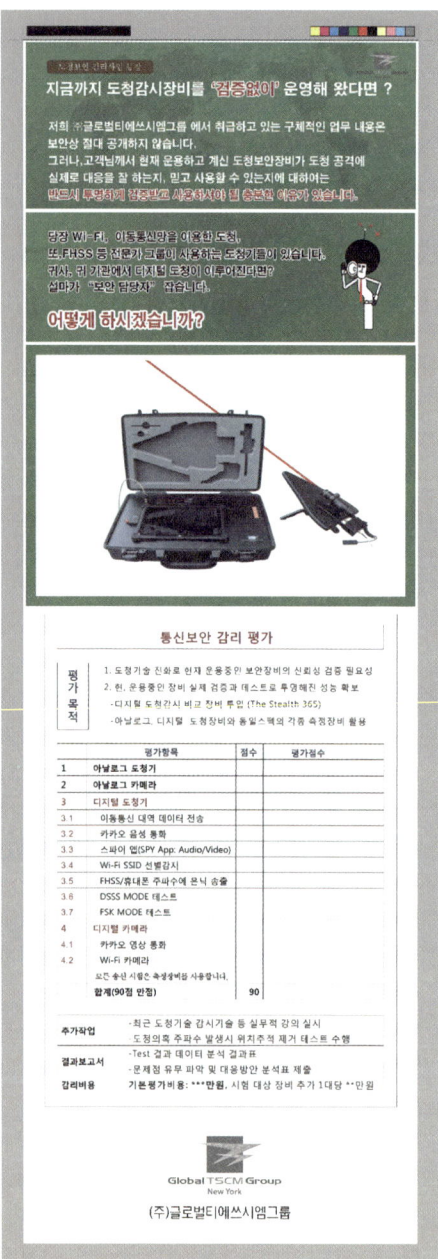

점수화하여 서류로 결과보고서를 제출하면서 합격, 불합격 여부에 따라 해당 구역 등급별 인증 스티커를 배부하는 형태의 신규 개척 시장이다.

즉, 지금까지는 불법 도청장치들의 설치 및 작동 여부에 대하여 도청감시 장비를 검증 없이 설치·운영해 왔다면 앞으로는 도청장치에 대응한 장비들이 실제로 이동통신, 와이파이, 전문가급 도청장치 등 디지털 공격에 제

**도청검증 배너** – 다시 말해 외부 도청공격에 기계적, 물리적으로 유효한 대응을 하고 있는지 실제 디지털 도청기와 유사한 여러 가지 스펙의 계측기를 이용해서 점검하는 것이다. 그리고 그 결과를 바탕으로 점수화하여 서류로 결과보고서를 제출하면서 합격, 불합격 여부에 따라 해당 구역 등급별 인증 스티커를 배부하는 형태의 신규 개척 시장이다

기능을 하는지 여부를 투명하게 검증하는 분야로 사업을 확장한다는 것이다.

사실 이런 일을 사업으로 하게 될 줄은 나도 몰랐다. 지금까지 보안업무에 있어서 반드시 필요한 이러한 고객의 니즈는 민간, 정부기관을 불문하고 그 어디에서도 해소할 곳이 없었다.

특히, 우리는 해당 감리구역에 대한 맞춤형 보안 컨설팅으로 해외 각국의 보안 쇼를 접하면서 얻은 관련 첨단 도청 기법의 소개 및 디지털 도청 공격에 적절한 대응을 할 수 있도록 각 고객별 고퀄리티 과정의 소규모 강의도 실시할 계획이다. 이때 소개되는 디지털 공격 장비들은 인터넷 사이트 등에 절대로 오픈이 되지 않는 수준의 실제로 설치되고 사용하는 고급 도청기들이다. 이러한 신규 사업의 등장으로 정부기관, 지자체 등을 포함한 대기업 보안 담당자들은 사용하고 있는 보안장비에 대한 실질적인 도청 공격의 투명한 검증 절차를 거쳐, 장비를 믿고 도청보안 활동에 더욱 자신감을 갖고 업무를 할 수 있을 것으로 기대한다.

귀사, 귀 기관에서 디지털 도청이 이루어진다면?
설마가 또 다른 'IT 강국 대참사-시리즈'로 1등 대한민국, 뒤집힐 수 있습니다.
어떻게 하시겠습니까?

**세**상에서 하루가 가장 먼저 시작되는 곳. 가장 동쪽에 있는 나라, 또 다른 말로 지구에서 태양이 가장 먼저 뜨는 곳.

태평양 한복판, 날짜 변경선 위에 떠 있는 오세아니아의 섬나라. 태평양에 흩어진 33개의 섬이 지구 유일하게 4대 반구(4개의 시간대)에 걸쳐진 나라.

인구 약 12만의 작은 나라. 세계 최대의 산호초 섬이 있어 스노클링, 다이빙 포인트가 매우 아름다운 곳 등 수식어로 표현하자면 끝없이 펼쳐지는 [키리바시 공화국]에 가서 아마추어 무선 익스피디션을 멋지게 진행하는 것.

내가 하고픈 첫 번째 버킷리스트이다.

Part 5.

# 나는 누구인가, 꿈을 추수하자

# 나도 산악인이어라

나는 시를 좋아하지만, 시에 버금가는 대중가요 가사를 읊조리는 것도 좋아한다. 우리의 현대시는 노래보다 그림에 가깝게 변화해 와서 추상적인 모습의 표현이 많아 좀 어려운 것도 사실이다. 예술이 추상적일 수도 있고, 어려울 수도 있지만, 나는 불편해서 고민하게 하는 예술보다 편안해서 즐거운 것을 좋아한다.

2016년 노벨문학상을 수상한 대중가요도 있는데, 그의 작품은 편안하면서도 불편하다. 미국의 팝 가수 밥 딜런의 〈바람만이 아는 대답〉이 그 작품이다. 노래는 듣기 편안하다. 가사 내용도 서정적이다. 그러나 그 작품은 서정적이기만 하지 않다. 인류의 진정한 평화와 평등을 강하게 주장하고 있다. 진정한 저항과 정의를 노래한다.

나는 산에 오를 때, 꼭 이 노래를 듣는다.

## 바람만이 아는 대답(Blowin In The Wind)
### - 밥 딜런

얼마나 많은 길을 헤매야
우리는 그를 어른이라고 부를 수 있나요?
하얀 비둘기는 얼마나 많은 바다를 항해해야
모래사장에서 잠들 수 있나요?
대포알을 몇 번이나 더 쏘아야
영원히 금지될 수 있나요?
친구여, 답은 바람 속에 있어요
그 답은 바람만이 알아요

산은 얼마나 많은 세월이 지나야
씻겨서 바다로 갈까요?
사람은 얼마나 긴 세월이 흘러야
진정한 자유를 얻을까요?
사람은 언제까지 고개를 돌리고
모르는 척할 수 있을까요?
친구여, 답은 바람 속에 있어요
그 답은 바람만이 알아요

얼마나 많이 올려다보아야

진짜 하늘을 볼 수 있을까요?

얼마나 많은 귀를 가져야

타인의 울음소리를 들을 수 있을까요?

얼마나 많은 사람이 희생되어야

너무 많은 사람들이 죽었음을 알게 될까요?

친구여, 답은 바람 속에 있어요

그 답은 바람만이 알아요


친구여, 답은 바람 속에 있어요

그 답은 바람만이 알아요


얼마 전 스페인 출장을 갔을 때였다. 잠시 틈을 내어 산행을 해 보자는 생각으로 간단히 검색 후 마드리드 인근의 페냘라라 Penalara 산을 찾았다. 새벽 6시에 시외버스를 타고 1시간 30분쯤 지났을까, 버스가 오를 수 있는 거의 마지막 정류장Puerto De Cotos까지 올라갔다.

유럽의 파란 하늘이 미세먼지가 흩날리는 서울과 달리 너무 멋졌다. 서둘러 스마트폰의 GPS 앱을 작동시키고 오르기 시작했다. 원래 산행 계획은 2,115m 지점이었는데 한참을 올라가다 보니 2,428m 표지판으로 길이 나뉘었다. 버스에서 내려 시간표를 확인했을 때 마드리드 시내로 돌아가는 막차가 오후 6시 30분으로, 빨리 다녀올 수 있다면 가볼 만하다고 생각되었다. 욕심이 생겼다. 그때부터 간단히 챙겨온 점심(우유, 바나나 등)도 마다하고

**페닐레라 산** – 정상석이 없어 아쉬워하는 필자에게 노트에 산 이름(Penalara)과 해발 2,428m를 적어 사진을 찍자는 것이었다.

무작정 빠른 걸음으로 산을 올랐다. 한국의 산들에 비해 경사도가 높지 않아 등산 장비라고는 한 가지도 챙겨오지 않은 반팔 차림에 일반 운동화를 신고도 거침없이 올랐다. 사실 그곳에는 설雪산이 조금 남아 있었던 만큼 약간은 쌀쌀한 기온이었다.

아무튼 산 정상까지 올랐다. 그러나 '이게 무슨 일인가?' 싶었다. 가장 중요한 정상석이 없는 것 아닌가?

그때였다. 이건 또 웬일이야? 정상 주변에서 아마추어 무선사들이 교신을 하고 있었다. 한국에서도 햄들이 휴대용 무전기를 갖고 산 정상을 다니며 교신하고 점수를 얻는 소타SOTA를 즐기고 있었다. 그들에게 다가가서 "안녕하세요? 한국의 HL2AAQ 안교승입니다."라고 콜사인을 말하면서 인사를 하였더니 무척이나 반갑게 맞아 주었다. 그리고 곧바로 하고 싶은 말, 정상석이 없어 아쉽다고 하였다.

그랬더니 한 사람이 걱정 말라며 노트에 산 이름Penalara과 해발 2,428m를 적어 사진을 찍자는 것이었다. 거의 눈물이 글썽일 만큼 고마운 제안에 함께 사진을 찍었다. (이름/콜사인: Jorge/

GPS - 당시의 산행 경로. 해외에 나가서 국내 최고봉보다 높은 산을 올라가고, 아마추어 무선사를 만난 추억으로 "나도 산악인이다"라고 외치고 싶었다.

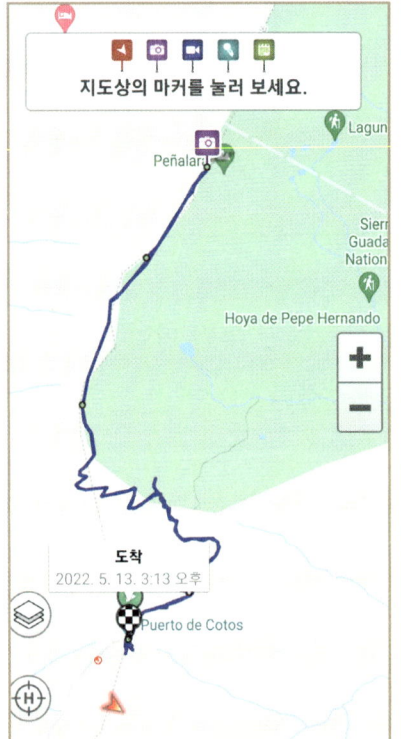 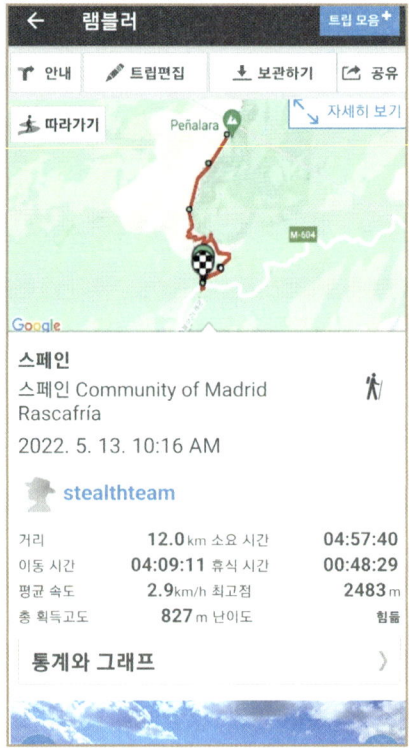

EA4HFO, Pedro/EA4HCF) 역시 '아마추어 무선사는 우호적이다.'
라는 신조가 생각났다.

처음에 샀던 등산화는 너무 무겁고 나에게는 잘 맞지 않는 것 같았다. 그 사실을 알았을 때쯤 새 등산화를 샀고 발에 잘 맞다고 생각하여 열심히 신고 다녔다. 그러던 중에 산 관련 매거진에서 어느 회사 어떤 제품이 좋더라는 기사를 읽고 혹시나, 다시 구입했다. 두 번 신고 아끼려고 넣어두고 두 번째 산 것을 다시 신고 산에 올랐다. 어머나- 이게 무슨 일이야? 겨우 두 번 신었을 뿐인 신발을 벗고 익숙한 것을 신었는데 발이 무겁고 아파 온다는 것을 느낄 수 있었다. 그리고 혼자 뇌까렸다. 인간의 혓바닥만 간사한 게 아니구나, 발바닥도 간사하구나.

산에 가면서 알게 된 깨달음이었다. 혓바닥도, 발바닥도 모두 간사했다. 사람은 환경에 잘 적응하는 동물이지만 환경을 개선하는 동물이기도 하다. 불편한 것은 못 참는 동물이다.

해외에 나가서 국내 최고봉보다 높은 산을 오르고, 아마추어 무선사를 만난 추억으로 "나도 산악인이다"라고 외치고 싶었다.
내가 감히 산악인이라고 말할 수는 없다. 사실 산행 경험이 무척 짧다. 이제 겨우 산이 좋아 가까운 친구들과 주말마다 열심히 북한산에 쫓아다니는 3년 차 초보일 뿐이다.

# 플랫폼 노동자, '배달'을 경험하다

애플 사(社)의 창업자 스티브 잡스는 "오늘이 마지막 날이라면 뭘 할까."를 매일 자문했다고 한다.

시작은 그랬다. 산을 열심히 다니게 되면서 고급텐트를 갖고 싶었다. 그런데 가격이 만만치 않아 고민을 조금 하다가 다른 생산적인 일을 해 벌어서, 또는 맨몸으로 뛰어서 살 수 있다면 더욱 뜻있고 보람 있지 않을까 하는 데서 신세계는 시작되었다.

플랫폼 비즈니스라고 하는 것이 인력 채용에서부터 기존의 상식을 확 벗어난 것이었다. 배달을 하고 싶은 사람은 누구나 해당 웹 페이지에서 스스로 등록을 하면 된다. 성명, 차종, 운전면허증, 통장 등을 기재하면 그 내용을 바탕으로 조회를 해서 부적격자를 골라낸 후 승인 통보를 하는 것이다. 그 정도 개인정보라면 최소한의 자료로 업무 수행에 전혀 지장이 없는 것이다. 즉 회사도, 종사자들도 누구도 서로를 알지 못하는 것이다. 노조 활동도 불가능했다. 정말 그물처럼 촘촘하게 짜인 그들만의 소프트웨어는 업무에도 그대로 적용되었다.

내가 하는 배달은 매일 오후 3시 40분 또는 7시 40분부터 3시간 정도 하는 것이다. 익일 배달 건을 사전에 접수하는데 해당 지역의 주문량에 따라 소위 '당첨'이 되어야 할 수가 있다. 그러니까 등록해서 승인되었다고 매일 일을 할 수 있는 것은 아니었다.

아무튼, 배달은 시작되었다. 픽업 장소에서 물품을 전달받고 모든 물품의 QR코드를 찍고 나면 제1 배달지로 내비게이션이 안내한다. 도착해서는 물품이 서로 바뀌는 일이 없도록 다시 확인 코드를 찍는다. 이윽고 배달지에 도착해서 대문 앞에 놓고 사진을 찍어 회사로 전송하면 곧바로 제2 배달지로 안내한다. 그리고 마지막 배달을 마치면 "수고하셨습니다. 오늘 수고하신 내역은 다음과 같습니다." 하고는 정산 내역을 자동으로 알려준다. 매 정산은 2주에 한 번씩 해 주는데 기다리는 재미가 있다.

그런데 일하는 보람은 있는데 배달 업무라는 게 본인 차량으로 슬슬 해서는 기름값 빼고 나면 솔직히 최저 임금도 안 될 수준이었다. 어느 정도 익숙해져야만 하는 일이었다. 초보인데 감당해야지 비법은 없어 보였다.

그런 가운데 세상 사람들은 각자 틈새 시간 이용을, 다시 말해 시테크를 잘하고 있더라는 것을 이번에 보았다.

픽업 장소에 나가면 경차부터 외제 차량까지, 젊은이부터 나 같은 아저씨 그리고 가끔 아주머니까지 눈에 띈다. 그들도 나와 같이 자투리 시간을 활용하는 것으로 생각된다. 내가 열심히 배달하고 있는 순간에도 누군가 더 많은 사람들이, 그들도 똑같은 수고를 할 것이라는 데 기분은 더욱 좋아졌고 발걸음은 가벼워졌다.

주변 사람들은 내가 배달 일을 한다는 게 마치 대단한 뉴스라도 된다는 듯. 어느 교수님은 대한민국 최고의 도청보안전문가가 배달을? 신선한 충격이었다고 하였다.
물론 나의 생각도 그렇지는 않았다.

그러던 중 어느 날, 회사가 부도났다는 기사를 보았다. 아니, 어제 저녁에 정산도 깔끔하게 마치더니… 하루아침에 일자리를 잃은 느낌. 갑자기 정리 해고된 기분이랄까?
아무튼 부도 시점에 가장 많은 배달 종사자들 임금부터 처리했다는 데 감동했다. 그리고 본연의 플랫폼 비즈니스답게 그다음 이야기는 없었다.

결국 원하는 고급 텐트는 장만했고 배달일은 마쳤다. 남들이 열심히 일하는 동안 나도 열심히 살았다는 자각이, 기분 좋은 훌륭한 경험이었다고 생각한다.

잠깐, 이 대목에서 에세이를 쓴다면서 잠시 벗어날 수도 있는 이야기를 하고 싶다.

요즘 MZ 세대 젊은이들이 왜 자신의 일자리를 걷어차고, 또는 처음부터 플랫폼 노동자의 길을 갈까?

'막상 일을 해보니 이것처럼 편한 게 없더라. 배달 미션 하나가 게임의 퀘스트를 끝내는 느낌이고, 하고 싶은 만큼 하고 벌고 싶은 만큼 벌며 누가 뭐라고 하는 인간 없고 세상 편하니까, 그리고 결정적으로 수입도 상당히 괜찮으니까...' 그런 백그라운드가 깔렸다는 생각이다.

그래서 적지 않은 업종에서 많은 종사자들이 이직을 하고 돌아가지 않는 것이다. 이러한 사회적인 현상을 어떻게 해소하여야 할까?

또 좋은 시 한 편이 생각나 소개한다. 젊은이들에 대한 젊은 노래다.

### 그리운 잭슨
— 나희덕

거리여, 우리에게 음악을 틀어줘요
이해하려고 노력하지 않아도 되고
애써 해석하고 암기할 필요도 없이
빠른 박자에 몸을 맡겨 그저 흔들고, 흔들
알 수 없는 외국어로 흥얼거려줘요
우리는 음악시간에 그리운 금강산을 배우지만
그리고 그 노래로 실기시험도 보지만

금강산이 어디에 붙은 산인지 알 게 뭐예요
라스베이거스, 텍사스, 헐리우드, 샌프란시스코,
디스코장에 빛나는 이 도시들이 바로 우리 곁에 있는데
우리는 그리운 잭슨을 부를 뿐이에요, 꿈에도
우리의 소원은 바다 저 너머에,
춤추면서 건너오는 마돈나의 물결을 보아요
꿈에도 소원은 토옹일,
코흘리개 시절 뜻도 없이 따라 부르던 노래 희미해져요
더 큰 소리로 음악을 틀어줘요
우리의 귀청이 땅에 떨어지고 두 눈 점점 희미해지면
우리의 춤은 더 빨라지고 더 견딜 수 없어지고
마침내 터지고 말 거예요,
그리운 잭슨의 심장 위에서

    시에서 '잭슨'은 마이클 잭슨을 비유한 것일 테지만 팝가수라면 누구라도 될 것이다. 한국 사람의 정체성, 우리 고유의 근면, 성실의 덕목을 상실한 일부 젊은이들의 목소리가 들려온다. 우리 가곡보다 미국의 팝송이 거리에 넘쳐 난다. 잭슨의 노래와 마돈나의 춤이 흐르는 거리는 한국의 땅이 아니고 라스베이거스, 텍사스, 할리우드라면 걸맞을 것이다. 이런 10대의 목소리 뒤에 숨은 목소리는 아이러니하게 들려온다. 우리 젊은이들의 이중의 목소리, 이중성이 진실이 되었다.
    나는 우리의 미래 세대가 이러한 시대에 휘둘린다는 데 걱정이 앞선다. 젊은이들이 당장 진입하기 쉽고 돈벌이가 된다고 해서 시작하는 것보다는 더 큰 꿈과 미래를 보고 결정을 해 주면 좋겠다는 생각이다. 내가 나서서 할 수도 없지만, 우려의 목 소리를 내지 않을 수 없다.

그런 소리를 내면 아마 '꼰대'라고 손가락질할 것이 분명할 것이다. 그래도 나는 그러한 젊은이들에게 전하고 싶다. '최대가 아니라 최고를 위해 뛰어라'라고 말이다.

행운을 믿고 따른다는 것은 바람직스럽지 않다. 일을 하는 데 행운이 더해 주면 얼마나 좋으련만, 그 이상으로 운을 좇으면 곤란하다. 그런 생각으로 시작하게 되면 그때부터 이미 정상궤도를 벗어나는 것이다. 세상에 공짜는 없다. 나를 게을리하려는 유혹에 강하게 반발하자.

우리는 지금 자신만의 경쟁력을 가지고 그림을 그려 나가야 한다. 그림의 완성은 목표에 도달한 자화상이다. 목표를 되도록 크게 잡자. 목표를 크게 잡으면 움직이는 행동반경도 자연히 커질 수밖에 없다. 저절로 그렇게 된다. 목표를 크게 잡았으니까. 크게 잡은 목표 앞에서 눈앞의 작은 어려움이 문제 될 리 없다.

여기서 큰 목표란 최고最高라는 것이지 최대最大라는 것은 아니다. 작은 규모의 일에서도 최고, 1등은 얼마든지 있을 수 있다. 그림은 앞서 좋아했던 자신의 선험보다 더 멋있는 색채로 채워지게 된다. 이전 자신의 모습이 겹쳐지고 모이면서 그 시너지로 더욱 강한 자기를 발견하는 것이다. 미처 예상치 못하던 흐름으로 가고 있을 것이다. 그럴수록 더욱 밀어붙이자.

어느새 내가 가장 하고 싶은 '일'과 자신 있는 '경쟁력'과 해내어야 할 '목표'가 만들어졌다. 이제 추진하는 것이 남았다. 여기까지 왔으면 냉정하게 한번 되돌아보는 것도 중요하다. 혹시라도 무작정 이끌려오는 우를 범하지는 않았는지, 경쟁력은 내 것이 분명한 것인지 중간 점검이 반드시 필요하다.

다음은 건전한 사고와 성실한 자세를 바탕으로 한 그림을 그리자. 사고가 건전해야 가치가 변하지 않는다. 될 수 있는 대로 투자는 하지 않거나 적게 시작하는 것으로 하자. 어차피 준비하는 시간이 많이 소요될 것은 분명하다. 준비를 어느 정도 해 나간 다음 적절한 시기가 되면 천천히 전환해야 함이 옳다. 나도 보안사업을 투잡스와는 다른 개념으로 출발했다.

세상에 없는 사업을 최초로 시작한다면서 어느 날 갑자기 '이런 사업을 하렵니다.' 하며 기존의 하던 일을 갑자기 접을 수는 없었다. 막상 그렇게 한다고 잘 될 리도 없다. 그래서 많은 기간을 두고 사업성 분석, 치밀한 계획, 철저한 추진으로 단계적인 접근을 했다.

내가 하는 분야에서 약간의 변화를 시도한다면 새로운 사업이 가능할 것이라는 나름의 판단이 먼저 섰다. 그렇게 하여 계획

안대로 차근차근 진행하였고, 약 1년 정도 안테나 사업을 병행했다. 그러는 동안에 사업 성공의 가능성을 확인하는 계기가 여러 차례 있었고, 그에 힘입어 본격적인 보안사업에 전력할 수 있게 됐다.

삶의 현장에서 자신감은 중요하다. 그동안 자신의 모습이 오래 전 녹화방송이나 재방송 채널을 볼 때처럼 무언가 생기 없고 활력도 없어 보이지는 않았는가? 이제 그런 모습은 멀리하자.

<1등주의>가 최선이다. 생방송처럼, 활어처럼 생명력을 불어넣고 펄펄 뛰자. '내가 최고다. 나는 1등이다.'라고 끊임없이 자기 암시를 해 보자. 그리고 주위에 소문도 내자. 스스로 움직이지 않을 수 없도록 나를 끊임없이 부추기자.

# 5월, 지중해에 들어갑니다

스쿠버 다이빙은 즐길 수 있는 기회가 상대적으로 적다. 최소한 바다로 나가야 하기 때문이다. 십수 년 전부터 배웠던 다이빙은 생각을 하는 것만으로도 마음의 평화를 느끼는 아늑한 기분이다. 한국의 남해, 필리핀, 뉴욕, 플로리다 남부 키웨스트 등등을 다니며 틈나는 대로 즐겼던 취미이지만 지금까지 지중해는 가본 적이 없었다. 이집트를 방문할 기회가 있었지만 다이빙을 하기 위한 시간이 너무 촉박하기도 했다. 남아공에 갔을 때는 다이빙을 하려고 했으나 케이지 다이빙을 한다고 하여 리얼리티가 없다며 안 해 버렸다. 그리고는 얼마나 뒤늦은 후회를 했는지…그때 케이지에 타고 다이빙을 했더라면 온몸이 쫄깃하도록, 그리고 물속이지만 땀도 비 오듯 흘렸을 만큼 무시무시한 상어들도 만났을 텐데… 하나만 알고 둘을 모른다는 게 이런 쓴맛이로구나. 했다.

그러던 중, 지난 봄 스페인을 가게 되었다. 다이빙 센터에 2개월 전부터 예약을 하였음은 물론이다. 출장은 마드리드로 가게 되었는데 다이빙 포인트는 마드리드에서 약 600km 떨어진 유럽의 최남단 항구 도시인 '말라가'로 가야 했다.

마침내 출발하는 날 아침.
저가 항공사로 비행기 티켓은 왕복 약 100유로가 되지 않는 가격으로 그리 비싸지는 않았다.
공항으로 가는 버스에서 다이빙 센터의 매니저에게서 메일이 왔다. 나는 '내가 오고 있는지를 확인하는 메일이군!' 인 줄 알았다. 그런데 이게 웬 날벼락입니까?
센터의 인스트럭터가 엊그제 코로나에 걸려 출근을 못 한다는 것이었다.
나는 기가 막혔다. 악을, 악을 썼다. 지중해 바닷속에 들어가 보겠다고 한국에서 두 달 전 예약하고 오는 손님한테 이렇게 해도 되는 거냐는 둥. 그러나 미안하다는, 환불해 주겠다는 말밖에는 더 이상 진전이 없었다. 나는 비행기를 타야 할지 말아야 할지 판단이 서지 않았지만 일단 다른 샵이라도 소개를 해 달라고 하고는 대답을 듣지 못한 채로 비행기를 탔다.

한 시간이 지나 말라가 공항에서 내려 다시 전화를 했더니 다행히 인근 샵에 부탁을 해 놓았다는 것이다. 그러나 오늘은 늦어서 못 하고 내일 할 수 있다는 대답이었다. 사실 어느 샵이나 다음날 일정을 미리 짠 후 아침 일찍 샵에 모여 먼저 만일의 사고에 대비한 면책동의서를 작성한 후 바다로 나가고는 한다.

원래는 새벽에 갔다가 다이빙을 마치고 무리해서라도 당일 오후 늦게 돌아올 계획이었으나 달리 방법이 없었다.
이번에는 할 수 없이 알았다며 내답을 하고는, 급히 돌아가는 비행기 티켓을 다음 날로 변경하고, 부근의 여인숙이라도 구해야겠다 싶어서(혼자 하룻밤만 자면 되니까)
예약 전문사이트 h*tels.com을 마구 뒤져 간신히 구했다.

그러고 보니 이번에는 이동 수단이 문제가 되었다. 숙소에 전화하니 기차를 타고 어느 역으로 오라는데 숙소 갔다가 다이빙 장소로 갔다가 다시 공항으로?
그러면 차라리, 오후 시간도 남을 텐데 렌터카를 운전하며 시내 구경을 해? 잠시 고민 끝에 언뜻, 렌터카가 저렴할 것 같아 잠시 생각해 보다가 꼭 그럴 것 같지도 않고 해서 일단 우버를 불렀다. 기차표는 사러 갔다가 줄이 길어서 일찌감치 포기했다.
조금 전에 숙소에 전화할 때 물어보니 택시비가 대략 25유로 정도 나올 것이라고 하였다. 아무튼 그래서 16유로 주고 우버를 탔다. 숙소는 지방이라서 그런지 40유로 정도 했는데 괜찮은 편이었다.

아무튼 갑자기 오후 시간이 텅 비어버리게 되었다.
그래서 기차를 타고 시내로 나가 몇 군데 명소를 둘러보고 저녁이 되어 숙소로 돌아왔다. 잠시 후 소개 받은 샵에서 전화가 걸려왔다. 아무래도 내일은 자격증 시험반으로 너무 초보자들이라 같이 하기가 힘들다는 정신 나간 소리를 늘어놓고 있었다. 그래도 나는 끓어오르는 분노를 정말로 꽈-악 짓눌러 진정시키고 다시 말했다. 아니 통 사정을 했다. (사실 나는 스포츠 다이버 클래스를 소지했지만 그렇다고 숙달된 수준은 아니었다.)

"내가 지중해 한번 들어가 보고 싶어 이곳까지 온 사람이다. 초보 코스라도 관계없으니 같이 들어가자. 내일이면 나는 다시 서울로 돌아가야 한다."라며 치사하고 아니꼽지만 꾹 참고 이야기했다.

결국 다음 날 9시까지 샵으로 가기로 약속을 하고서야 편한 마음으로 잠이 들었다. 이튿날 그렇게 애타게 찾던 지중해 바다로 나가 1회는 수강생들과, 1회는 인스트럭터와 단둘이 비교적 간단한 코스의 다이빙을 마쳤다. 바닷속의 컬러풀한 멋진 물고기들을 떠나 번갯불이 아닌 바다에서 콩 구워 먹는 일이 그날 나에게는 있었다. 오후에 비행기를 타야 하기 때문에 내가 가진 자격증 등급하고는 관계없이 비행 18시간 전에는 스쿠버 다이브를 진행할 수 없어 깊은 곳에 들어갈 수는 없었다.

다시 한번 느끼지만, 다이빙은 시간 여유를 가지고 오지 않으면 여러 가지 변수가 있을 수 있기 때문에 시행착오가 많이 날 수 있다는 것. 더구나 비행기를 타고 방금 내렸거나 다이빙 후 바로 비행기를 타려면 바닷물 속 깊이 들어가지 못한다는 것. 깊이 들어가면 사고가 난다며 강사들이 절대로 데려가지 않는다.

아무튼 예상과 달리 스케줄도 틀어지고 아주 치사할 만큼, 이번 다이빙 여행은 그렇게 끝이 나고 말았다.

지중해 입수 추가.

# 버킷리스트, 또 다른
# 영역의 꿈이다

   '라디오'와 '글짓기'가 다시 만났다.

### [꿈, 1막 라디오]

세상에서 하루가 가장 먼저 시작되는 곳, 가장 동쪽에 있는 나라, 또 다른 말로 지구에서 태양이 가장 먼저 뜨는 곳.

태평양 한복판, 날짜 변경선 위에 떠 있는 오세아니아의 섬나라. 태평양에 흩어진 33개의 섬이 지구 유일하게 4대 반구(4개의 시간대)에 걸쳐진 나라.

인구 약 12만의 작은 나라, 세계 최대의 산호초 섬이 있어 스노클링, 다이빙 포인트가 매우 아름다운 곳 등 수식어로 표현하자면 끝없이 펼쳐지는 [키리바시 공화국]에 가서 아마추어 무선 익스피디션을 멋지게 진행하는 것.

내가 하고픈 첫 번째 버킷리스트이다.

중학교 2학년 때 시작된 취미의 왕, 나는 아마추어무선국의 해외 원정 운용을 계획하고 있다.

사실 아마추어 무선이라고 하면 내 인생에서 뗄 수 없는 커다란 의미의 상징과도 같은 것이다. 지금까지 영위하고 있는 직업도 엄밀히 따지면 아마추어 무선에서 시작되었고 46년째 계속하고 있는 내게는 영원한 취미이다. 물론 한국아마추어무선연맹에 다른 회원들과 함께 종신 회원으로 가입되어 있기도 하다.

그동안 함께 해 온 우리 지역의 아마추어 무선사들과 함께 팀

**AAQ 장비** – 본인(HL2AAQ)의 무선국 사진

을 이루어 키리바시에 가서 아마추어 무선 익스피디션을 최소한 2-3개월 진행할 것이다. 아울러 대기업의 후원을 받아 방송 프로그램과 연계하고 싶다. 전 세계와 교신할 수 있는 단파대 무전기들과 안테나 공사를 할 수 있는 자재들을 공수해서 임시 무선국을 세울 것이다. 이것은 작은 일이 아니다. 그런 만큼 여럿이서 할 만한 가치 있는 일이 될 것이다.

낮과 밤을 교대로 전 세계의 같은 취미를 가진 사람들과 교신을 하고, "CQ CQ (누구든지 찾습니다) 여기는 T3＊＊＊(키리바시 무선국 콜 싸인, 한국의 경우 HL, DS, 6K2 등) 키리바시. 듣고 계시면 응답 바랍니다, 오버!"

아마추어 무선사들은 교신을 마치면 QSL(교신 확인증) 카드를 교환한다. 언제, 누구와 어느 주파수에서 어떤 방식으로 교신했는지를 확인하는 것으로써 우편엽서 크기로 각 무선국별로 멋지게 디자인하여 자신의 존재를 뽐낸다.

내가 해외 원정 운용을 키리바시로 가야 하는 이유는 두 가지이다. 첫 번째는 아마추어 무선사들이 교신을 하더라도 교신이 힘든 곳, 어려운 곳이 있다. 그것은 지리적으로 너무 떨어져서 그럴 수도 있고 해당 지역에 아마추어무선국이 너무 적거나 없어서 일 수 있다. 이런 때는 그곳 아마추어무선국의 인기가 순식간에 상한가가 된다. 어떤 주파수에 출현했다 하면 전 세계의 무선국들이 24시간이 모자랄 만큼 수십 명씩 줄을 선다. 물론 그때 해당 무선사는 황홀감에 빠져든다. 그 속에 내가 있다고 생각한

**Award –** 교신을 완성하면 각 나라별로, 대륙별로, 그리고 전 세계를 하나로 묶어 어워드를 신 청하여 자신의 무선국에 걸어 놓는 보람도 있다

다. 그래서 키리바시를 가려는 것이다.

그리고 두 번째는 앞서 말한 것처럼 굉장한 수식어를 많이 가진 쉽게 방문하기 힘든 작은 나라이기 때문이다.
그리고 한낮에는 스노클링과 다이빙, 얼마나 멋진가?

전 세계 320여 나라와 보이스 통신은 물론 모스 부호, 디지털 통신 등을 통한 아마추어 무선사의 활동을 널리 알리고 저변 확대를 위해서 의미 있고 해볼 만한 도전이라고 생각한다. 지금까지 아마추어 무선을 해 오면서 가장 멋있는 피날레를 장식하고 싶다. 아마추어 무선을 동경하는 이들에게 취미생활의 끝판을 보여주고 싶다.

[꿈, 2막 글짓기]

쿠바에 가서 소설을 쓰고 싶다. 미국 문학의 거대한 전설 어니스트 헤밍웨이를 따르겠다는 것은 물론 아니다. 그런데 사실 미국 최남단 키웨스트를 들렀을 때 헤밍웨이의 생가를 방문해 본 적이 있고 상트페테르부르크의 도스토옙스키의 생가를 방문한 적도 있다. 이 모두 내가 소설을 잊지 않고 가까이 하기를 바라는 뜻에서 한 것임은 부인할 수 없다.

아무튼 그와 관계없이 다음번 소설을 쓰고 싶은 곳은 쿠바가 맞다. 이유 없이 맞고 싶다.

이 희망은 지난번 책 <엿듣는 도청 엿보는 몰카>의 '글을 마치면서'에도 다음과 같이 거론되었다.

"이후 보안사업에, 통신기술에 대 변혁의 때가 되면 모든 것을 내려놓고 이번에는 남미 아르헨티나, 또는 쿠바쯤 어느 한적한 시골에서 그때의 또렷한 기억으로 소설을 집필하고 싶다. 이 작은 소망을 내 인생 또 다른 하나의 버킷리스트로 남겨 두고, 실천하려 한다."

소설 수업 시간에 교수님께서 안교승은 장편소설을 쓰면 잘 쓸 것 같다는 잊히지 않는 끌림의 말씀이 있었다. 사실 그동안 도청 관련 소설 <도시인간>을 써보았고 마약 관련 <몽환에라토> 등 단편소설을 쓰기도 했었다.

나의 두 번째 버킷리스트는 장편소설을 한 편 쓰는 것이다.
어떤 소설을 어떻게 써야 할지에 대한 구성을 끝내지는 못했지만 아마도 그간 해 왔던 일에서 어떤 모티브가 나오지 않을까 한다.
우리의 소설 쓰기 모임이 있고 매월 한 번씩 각자가 쓴 습작들을 서로 읽고 진지하고 신랄한 합평도 한다. 그와 별개로 언제 어디서든 소설의 소재가 될 것 같다 싶으면 무조건 메모를 하는 습관까지도 익숙해졌다. 또한 경찰수사연수원에 초빙교수 자격으로 일선 경찰서 과별 직무교육 강의하러 다니며 국립과학수사연구소를 방문한 적이 있다. 그때는 예의를 갖추고 사체 부검 과정을, 거짓말 탐지기 등 귀한 경험을 갖기도 했다. 직접 보고 느끼고 쓴 것이라면 그 표현, 묘사가 제3자 또는 타 작품을 통해서 알게 된 것과는 다른 훨씬 생동감 있는 작품에 도움이 되지 않겠느냐 하는 것이다.

# 미국에 살면서,
# 해 보고 싶었습니다

미국에서 살면서 한국에서 못 해 볼 것들은 다 해 보자며, 적극적으로 대들었다.

가령, 처음에는 미 국내선 비행기를 타고 출장을 다녔다. 운전도 초기에는 7-8시간 운전을 했다면 나중에는 11시간, 남부 플로리다 키웨스트 24시간, 서부 샌프란시스코 38시간(2박 3일)을 했으니까 말이다. 그것도 한번 해 본 것이 아니라 행사 때마다 그렇게 다녔다. 물론 그 부근의 볼거리는 덤이었다.

비행기를 타고 다니면 절대로 볼 수 없는 경치들을 눈에 각인해 넣는 즐거움은 어디서 돈 주고 살 수도 없다. 각 주를 거치면서 신기하게도 다른 풍경이 펼쳐진다. 예를 들면 아이다호주를 지날 때는 감자밭이 엄청 많았는데 인디애나주를 지날 때는 물안개가 피어오르는 아주 작은 호수들이 마음을 정화했다. 시카고를 지나면서는 18세기를 옮겨놓은 듯한 마을도 봤고, 애리조나, 유타주를 지날 때면 온통 끝없이 펼쳐진 광활한 땅을 보며 과연 '넓다'라는 탄성을 연발하기도 했다. 웅장한 바위들, 캐년의 줄기 등이 지금도 생생하게 떠오른다.

실제 미국인들도 막상 이렇게 장거리 운전을 하면서 다니기가 쉽지 않다. 이지(하이)패스 카드만 해도 미국인들은 가지고 다니는 사람들이 그리 많지 않다. 비행기는 타더라도 주를 벗어나 자동차를 운전할 일이 많지 않기 때문이다.

출발할 때 엔진 오일을 교체했는데 왕복 8,000km를 운전하고 돌아오면서 또 교체했던 적도 있다. 그렇게 해서 30여 개 주 이상을 자동차로 누비고 다녔다.

겨울날 아침, 뉴욕의 집 앞에는 눈이 잔뜩 쌓였는데 별생각 없이 남부 올랜도에서 진행되는 행사에 갔다. 그러나 이게 웬걸, 플로리다로 진입하면서 어느새 여름이었다. 미처 생각하지 못했다. 아무튼 아웃렛에 들러 반팔 티셔츠를 급히 사기도 하고 키웨스트에 가서는 일정에 없던 다이빙도 할 수 있었다.

아마추어 무선도 빼놓지 않았다. 1급 자격증을 획득했고 미 전역의 플리마켓을 다녔다. 행사장 주변으로 몰려드는 자동차 넘버를 보고 서로 손을 들어 인사했다. 미국에서는 아마추어무선국

**차량 넘버** – KN2C(안교승의 미국 콜사인) 미국에서는 아마추어 무선국 호출부호를 차량 번호판으로 대신할 수 있다. 햄으로서의 존재를 과시하는 기분 좋은 일, 우리나라 햄들에게는 무척이나 부러운 일이다.

호출부호를 차량 번호판으로 대신할 수 있다. 햄으로서의 존재를 과시하는 기분 좋은 일, 우리나라 햄들에게는 무척이나 부러운 일이다.

그러나, 더 중요한 것은 미국에서 세계 각국의 전시회를 다니는 게 지리적으로, 미국 회사의 이름으로 다가가기가 훨씬 쉬웠다는 것이다. 물론 정보 획득에 큰 도움이 되었다.

한국으로 돌아와서는 해 볼 수 없는 것들을 그때 실컷 해 보았다.

# 내가 '돈'을 못 버는 이유를 알고 있다

앞에서도 잠시 설명했듯 사실 본전 찾는 전시회 참가는 거의 없다. 그저 바이어 입장에서 "아, 이 회사가 아직도 건재하군." 하는 정도이다. 그리고 신제품 소개는 다음 일이다. 아무튼 5대양 6대주 주요 도시들을 100회 이상 찾아다니면서 전시회는 무척 다녔다. 우리가 부스를 확보하여 가기도 했고, 단순히 참가도 했지만 어느 쪽이 더 좋았느냐는 물음에 답은 없다.

부스를 확보하여 우리 제품을 알리고 판매로 이어지는 것도 당연히 있지만, 단순히 둘러보면서도 성과가 좋은 적도 물론 있다. 가치 있는 정보를 확보할 때다. 그리고 그 귀한 정보들을 우리 제품에 녹여 새로운 상품 개발에 이용하고 그래서 또다시 최고의 기능을 가진 새로운 제품이 출시된다. 그런 이유로 적지 않은 비행기 티켓 값과 호텔비용, 그리고 전시회 참가 부스 비용(보통 1

회 1,000만 원-2,000만 원 정도 소요된다) 등을 갖다 바쳤다.

그리고 새로운 기능의 장비가 눈에 띄면 반드시 사야 했다. 그래야만 최고 수준의 장비라는 자존심을 채울 수 있고 시장에서는 그것이 자신감으로 작동했다.

그랬던 만큼 우리 회사 창고에는 불용 재고도 엄청나다. 적용 기술이 뒤떨어진다 싶으면 그대로 덮어버린 흔적들이다.

사실 나는 돈을 벌기보다 쓰는 데 주저하지 않았다.

그리고 진짜로 돈을 벌지 못한 이유는 이제부터다.

첫째, 나는 무엇보다 명분을 중요시하고 행동했다. 모양새가 나쁘다 싶으면 돈이 보여도 가볍게 움직이지 않았다. 그 모양새라는 것에는 단순히 어떤 '겉모습'이나 쓸데없는 '폼'도 포함되어 있다. 생각해 보면 우스운 일이다. 내가 무전기 판매업을 할 당시, 휴대폰과 호출기(삐삐) 판매가 급격한 증가세에 있었다. 그런데 나는 그 업무를 별로 달갑게 생각하지 않았다.

휴대폰과 호출기와는 달리 무전기는 영업을 해도 까다로웠다. 시장도 작았고 설치공사가 뒤따랐다. 어느 정도의 노하우도 있어야 고객을 만족시킬 수 있었다. 각 지방 체신청 허가도 받아야 했다. 이것 또한 그 절차가 만만치 않았다. 통신공사업(業) 면허 관련 유선 또는 무선설비 자격증도 있어야 했다. 온갖 어려운 것은 다 갖춘 셈이었다. 거기에 매력이, 아니 적잖은 미련이 있었던 모양이다.

그러나 휴대폰, 호출기는 아무에게나 팔 수 있고, 설치 공사를 필요로 하지도 않았다. 더욱이 기술적 노하우는 아예 없어도 되었다. 허가도 접수처리만 하면 되었고 자격증은 필요조차 없었다.

그랬으니 내 눈에 삐삐장사가 들어올 리가 없었다. 거기서부터 나의 사업과 금전적인 관계는 일정한 거리를 유지했고 가까이할 수 없는 사이가 되어버렸다. 한마디로 말해 돈이 벌리지 않았다. 그래도 나는 끝까지 호출기를 팔지 않았다.

어쩌면 명분 좋아하고, 전문가가 되고 싶어 하는 그 고집에 보안사업을 시작했는지도 모른다.

둘째는 보안사업을 하면서, 나는 초기부터 대기업, 정부기관만 상대했다. 개인은 배제하였는데 그 이유는 회사의 신뢰성을 지키고 싶어서였다. 개인을 상대한다고 신뢰성이 떨어지는 것은 아니었지만 아무튼 그때의 판단은 그랬다.

그리고 또 하나, 몰래카메라가 극성일 때다. 물론 지금도 여전히 유효하다. 우리는 몰래카메라 탐지도 특별한 경우가 아니면 하지 않았다.

후회는커녕 한술 더 떠, 오늘 나의 생각은 큰 틀에서 바뀌었다. 사실 한 분야에서 계속 일을 해 오면서 늦게나마 깨우친 것이 있다면 '우리가 버려야 하는 시장도 있더라는 것'이다. 즉, 1회성 탐지와 디지털 감시장비를 개발, 공급해 오면서 모든 것을 다 할 수 없다는 생각이다. 한 가지는 내려놓고 다른 한 곳에 집중하리

라. 그래서 나는 본연의 1회성 탐지 작업조차 과감히 버렸다. 물론 자신 있고, 작지 않은 시장이다.

그렇게 해서 돈 버는 길 3-Way를 나는 용감하고 씩씩하게 모두 피해 다녔다.
그리고 오늘 현재 보람있게 살고 있다고 자부? 자각? 미련을 떨고 있다.
……?
네, 알고는 있습니다.

외골수 같은 내 성격으로, 주변에서는 일한 만큼 벌어들이지 못한다고 말한다. 그러나 나는 주위에 외골수 같은 사람이 많다. 소설 동인뿐 아니라 햄 동호회원들도 외골수다. 그들은 자기가 좋아하는 분야에서는 훌륭한 스킬을 갖고 있고, 그것을 갈고 닦기 위해 무서울 정도로 집중하고 노력한다. 다른 일에, 특히 경제 분야에는 신경을 잘 쓰지 않는다.

나도 그런 기질이라고 주변에서 말한다. 유유상종이라고 내 주변에는 그래서 순박한 사람이 많은 것 같다.

나는 윤동주의 〈서시〉를 좋아한다. 주변에 그 시를 싫어하는 사람들은 거의 없다. 〈서시〉는 우리 모두의 '서시'가 된 듯하다. 일에 지치거나 내 삶의 기준에서 벗어나고 싶은 유혹이 올 때 나는 이 시를 읊으며 마음을 다잡는다.

## 序詩

― 윤동주

죽는 날까지 하늘을 우러러
한 점 부끄럼이 없기를,
잎새에 이는 바람에도
나는 괴로워했다.
별을 노래하는 마음으로
모든 죽어가는 것을 사랑해야지
그리고 나한테 주어진 길을
걸어가야겠다

오늘 밤에도 별이 바람에 스치운다

# 불현듯, 우수아이아에서도 살아보고 싶은...

미국 뉴욕에서 10년 동안 살고 다시 한국에 온 이후 책을 쓰겠다며 남아프리카 공화국을 다녀온 적이 있다. 케이프타운에서 약 3주 정도 머물렀다. 그런데 짧은 기간인데도 불구하고 "와, 이곳에서 한 2-3년 살다 갔으면 좋겠다"라는 생각이 들었다. 요하네스버그와는 달리 케이프타운은 치안도 괜찮아 보였고 왜인지는 모르겠으나 그들의 삶의 모습이 보기 좋았고 사람들도 정겨웠으며 게다가 음식도 내게는 딱 맞았다. 그렇게 생각하다가 한국으로 들어왔고 그때의 그리운 감정들은 시간이 가면서 잊혔다.

그런데 이번에는 사뭇 다른 느낌이다.
세상의 끝, 아르헨티나 최남단의 작은 마을, 문명과 대자연이 살아 숨 쉬는 곳.

우수아이아는 다르다.

나는 지금 우수아이아에서 이 글을 쓰고 있다. 머리에 담은 책의 구성과 내용은 우수아이아에 와서야 술술 풀리기 시작했다. 이 공간에 와서 미친 듯이 노트북 자판을 두드려댔다. 글이 완성될 즈음, 우수아이아의 진짜 모습이 드러나리라. 나와 혼연일체가 된 이 장소를 나는 한국에 돌아가면 오롯이 기억하고 있게 될 것이고, 그리워할 것이다.

솔직히 나의 경우, 이번에는 불현듯이 아닌 반대말로 쓰는 게 더 맞을 것 같았다. 왜냐하면 이곳 우수아이아에 오기 전부터, 비행 편, 숙소를 예약할 때부터 딱- 꽂힌 그런 느낌이었다. 다른 것은 할 수 있는 능력이 안 되고 보안사업, 아니면 '숙박업을 해? 요즘 사람들은 몇 달 전부터 인터넷을 통한 예약을 하는데 뭘, 다른 것을 신경 쓸 일이 그리 많겠어?'

내친김에 아르헨티나 비자, 영주권도 확인해 보았다. 미국보다는 훨씬 까다롭지 않은 듯했다.

그러니까 정말로 살아보고 싶은 솔직한 생각이다. 현지에 도착했으니 사전 답사 겸 좀 더 자세히 알아볼 생각이다.

주변에 누군가가 얘기했다. "안 모 씨가 입 밖에 내놓았다면 할 걸?"

뉴욕을 넘어 아르헨티나 우수아이아가 스멀스멀.

# 안 선생, 우울증이 있습니다

'우울증 ㅎㅎㅎ' 기념으로 소주나 한 잔 합시다.

오늘 건강검진 결과가 나왔는데 '우울증'이라고 합니다. 대박입니다!! ㅋㅋㅋㅋ

안교승이 우울증을? 한바탕 소동이 일어났다. 건강검진 결과표를 고등학교 동창들 카톡방에 올려 위로연 일정 몇 건 잡히고, 갑자기 바빠졌다. 하하하.

"아, 그게 '우월증'이 우울증으로 잘못 나온 것 아니냐?"

그랬다. 사실 나 잘난 맛에 여태껏 살아왔으니 우월증이 맞는 것 같기는 하다.

얼마 전, 건강검진을 받았다. 올해는 유난히 문진표 작성 항목도 많았고 차근차근 성의있게 써 내려갔다. 그래서 나온 성적표였다.

그런데 다른 항목에서는 특이할 만한 게 없었는데 좀 우울해 보였던 가보다.

사실 바쁜 일 끝내고 버킷리스트 다 마치고 한가해지면 우울할 거야.

한참 많이 기다려야 해.

의사 선생님이 우울할 것이라는데 당연히 우울해야지.

우월증 이야기꽃을 피우며 우울증을 잊어버리는 아이러니.

"AAQ(HL2AAQ. 본인의 콜사인)님도 계신데 빨간 소주로 마실까요?"

오늘도 가까운 아마추어 무선사들이랑 기분 좋게 한잔합니다.

참고로 나는 술은 기분 좋을 때, 반가운 사람을 만날 때 마신다. 마음이 상한 일이 있거나 기분이 안 좋을 때는 절대 마시지 않는다. 기분이 좋을 때라도 혼술은 하지 않는다. 마시고는 싶은데 참는 게 아니라, 내가 술에게 질 수도 있다는 생각을 하면 그냥 술맛이 싹 달아나버린다. 이날까지 간직해 온 것 중 꽤 괜찮은 버릇이다.

여러분, 지금까지 해온 것처럼 더욱 열심히 살아갑시다.
우월증? 별 쓸 데 있는 소리 다 들었다.

앞으로의 모든 생활환경은 우울이 아닌 우월하게 맞이합시다. 하하하.

다시 한번 파이팅!!

| 에필로그 |

# 어쩌면 또 다른 흥분은
# 이미 시작되었는지도 모른다

내가 이 글을 쓰면서 망설였던 이유는 너무 오래된 수십 년 전 이야기부터 시작된다는 것에 대한 부담이 있었던 것도 사실이다.

이런 글이 요즘 트렌드에 맞기는 할까?
챗GPT에게 물어볼까?

그러나 내가 그간 해 왔던 일과 살아온 과정을 생각할 때 어쩔 수 없는 것이기도 하고, 오히려 독자 여러분께 더 사실적인 이야기로 전달할 수 있을 것 같다는 작은 기대감으로 결국 썼다.

어린 시절 잠시 글짓기 반의 추억에서 라디오라는 열병 이야기, 그리고 취미생활에서 시작된 길고 긴 30여 년 가까운 통신보안 직업 이야기까지. 다시 소설을 쓰고 싶다는 두 번째 열병 이야기, 그 속에서 프로인생을 달려오기까지를 담담히 말했다.

그런 가운데 거짓말처럼 다가온, 남들과는 다른 조금은 독특한 삶의 이야기로 가는 여정 등 읽기에 따라 에세이라고 하기보다 어쩌면 절반의 자기계발서가 될 수도 있는 내용으로 되어버렸다.

　인생을 살아가면서 어려운 일, 힘든 일은 당연히 많고도 많다. 그러나 내가 마음 상할 때 술을 절대 마시지 않고 지나왔던 것처럼 가능한 한 밝은 모습으로 기죽지 말고 살아가자. 그렇게 열심히 살다 보면 또 다른 희망과 즐거움이 분명히 숨어 있다고, 그리고 찾아올 것이라고 나는 생각한다.

　나의 인생 1부에서 아낌없이, 원 없이 정말 남부럽지 않게 고생도 해보았다. 아이러니하게도 그 때문에 행복했다. 그때의 경험을 앞으로 삶의 지렛대로 삼으려 한다. 그 목표가 실현될 때까지 나는 기대 반 흥분 반으로 새로운 경험을 또 하게 될 것이다. 어쩌면 또 다른 흥분은 이미 시작되었는지도 모른다.

　원고를 마무리하고 다시 읽어보니 이 글에 온통 글짓기, 라디오, 아마추어 무선, 통신보안, 소설. 그리고 형님이란 단어가 많이 들어있다. 모두가 내게는 잊을 수 없는, 듣기만 해도 가슴 설레는 진심으로 고마운 이야기들이다.

그럴 수밖에 없다. 이 단어들이 나의 삶을 받쳐주어 왔고 앞으로도 그럴 것이니 말이다.

나는 글을 쓰는 내내 이 단어들과 함께 행복했다. 독자 여러분들도 행복했으면 좋겠다.

마지막으로 북한산 가는 중에 읽었던 멋진 문장을 되뇌어 보면서 글을 마친다.

―인생이란 걷는 것.

목적지에 도달했다 해도 또 다른 곳을 향해 걷고 또 걷는 것
별에 다다를 때까지 걷는 것
걷다가 걷다가 별이 되면 은하수로 흐르는 것이 인생.